Von Stutenfrauen,
Speckschneidern
und Deichgrafen

JUTTA KÜRTZ

Von Stutenfrauen, Speckschneidern und Deichgrafen

Bilder berichten
von alten Berufen
an der Waterkant

LN-VERLAG LÜBECK

Bild gegenüber Titel: »Der Holzschuhmacher« von Bernhard Winter.
Landesmuseum für Kunst und Kulturgeschichte, Oldenburg/O.

Vorsätze: Ausschnitte aus Trachtenbildern nach C. Suhr
aus »Hamburgs Vergangenheit und Gegenwart« (Reprint),
Axel Springer Verlag, Hamburg

*Autorin und Verlag danken der Handelsbank in Lübeck,
welche die Herausgabe dieses Buches in besonderer
Weise gefördert hat.*

Umschlaggestaltung: Bernd G. Reichert

Buchgestaltung: Heinz Weiemann

ISBN 3-87498-277-7

Gesamtherstellung: LN-Druck, Lübeck

Printed in Germany

Fleischhauerstraße und Fischergrube, Weberkoppel und Walkmöhle – Straßennamen dokumentieren Vergangenes. Da gibt es die Glockengießerstraße und den Mühlendamm, eine Reiferstraße und den Töpferweg, den Pferdemarkt und eine Küterstraße. Wie viele andere leiten sie sich – in alten Stadtteilen erhalten – aus Handwerk und Gewerbe ab. Nicht anders ist es mit Familiennamen. Wer Schmidt, Müller, Schneider, Fischer oder Bauer heißt, hat keine Mühe, seinen Namen zu erklären. Aber auch Scherer, Schleifer und Schirmer, Stoffer, Stühler und Steinbrück, Bader, Bogner und Büttner waren einst Handwerker. Wie Krüger und Hafner, Mollenhauer und Nestler, Schwertfeger, Rademacher und Riemer – um nur wenige zu nennen.
Namen, Bräuche, Zunftrollen, Arbeitsgerät berichten von Tätigkeiten, mit denen in naher oder ferner Vergangenheit das tägliche Brot erarbeitet wurde. In den Zeiten der Feuersteine und Steinbeile, der Jäger und ersten Bauern konnte noch jeder selbst für alles sorgen. Aber sehr früh schon – das beweisen Grabfunde und Ausgrabungsstücke – bildeten sich Spezialisten heraus, die eines besser konnten als alles andere und als alle anderen. Karl der Große soll als erster auf seinen Gütern für die verschiedensten Handwerker und für deren geregelte Beschäftigung gesorgt haben. Neben den Gütern waren es im frühen Mittelalter vor allem die Klöster, die Werkstätten einrichteten. Auf dem Lande dominierte jahrhundertelang der Hausfleiß des einzelnen, und daraus erwuchs manches Landhandwerk.
Die Gründung der Städte sorgte schließlich für den Aufschwung von Handel und Handwerk. Gab es im Norden Deutschlands bis 1200 nur eine Handvoll Städte, so wurden im 13. Jahrhundert viele neue gegründet. Wer Bürger der Stadt war, galt als freier Mann und unterstand nur dem Rat. Deshalb entzogen sich immer mehr Handwerker der gutsherrlichen Abhängigkeit auf dem Lande und zogen hinter die schützenden Mauern der Städte. Handwerk und Gewerbe blühten auf. Lübeck zum Beispiel nahm zwischen 1322 und 1331 allein 19 Bäcker, 24 Schmiede, 21 Schneider, 46 Schuster und 35 Schlachter als neue Bürger auf – sämtlich Meister. 1350 gab es 100 Schlachter in der Hansestadt, 1395 allein 60 Bäcker.
Die Handwerker schlossen sich zusammen, bildeten Ämter (die im Norden selten oder erst später »Zunft« genannt wurden). Die älteste Amtsrolle im Lande war die der Lübecker Lohgerber aus dem Jahr 1330. Die Schmiede (1389) und die Schlosser in Kiel (1395) gehören mit zu den ersten organisierten Berufsständen. Die ältesten holsteinischen Ämter wa-

ren die der Schlachter, Schneider und Schuhmacher aus Wilster, 1377 im Ratsbuch der Stadt belegt. Die Ämter regelten die wirtschaftliche und die gesellige Seite des Handwerkerlebens. Sie sorgten für straffe Ordnung des Gewerbes, für hohe Qualität der Arbeit, für die Ausbildung des Nachwuchses und für die beruflichen und privaten Rechte jedes Amtsbruders. Kein Außenstehender durfte die Amtsrollen einsehen. Gut verwahrt lagen sie in den Amtsladen, die nur bei den *Morgensprachen* – den regelmäßigen Besprechungen, die *morgens und nüchtern* stattfanden – und bei Feierlichkeiten geöffnet wurden. Jeder Handwerksmeister mußte Bürger der Stadt sein. In Lübeck hatte er damit drei wesentliche Pflichten: Er mußte *schoten, waken, wapenere utmaken,* also Steuern zahlen, Wachdienste verrichten und Bewaffnete für den Kriegsdienst ausrüsten. Noch 1647 wurde vom Neubürger Lübecks verlangt, daß er einen eigenen Harnisch nachwies, 1752 ein eigenes Gewehr.
Wer eine Lehre beginnen wollte, hatte noch viel mehr nachzuweisen – und häufig genug teuer dafür zu zahlen. Er mußte männlich sein, von ehelicher Geburt – wobei »Echtbrief« oder »Echtzeugnis« der Eltern und Großeltern vorzulegen war –, deutschen Ursprungs und von freiem Stande sein. Vor der Reformation mußte er auch noch dem christlichen Glauben angehören. Die Ämter versuchten, durch einen solchen Urahn des »Numerus clausus« ihre Gewerbe »sauber« zu halten: frei von unehelichen Kindern höherer Stände und Findelkindern, frei von Juden, frei von »Unehrlichen« und »Unfreien« – wie es Scharfrichter, fahrendes Volk, Zöllner, Schäfer, Nachtwächter, Müller, Leineweber, Bader und deren Angehörige waren. Durch das harte Reglement der Lehrzeit, das auch die karg bemessene Freizeit betraf, sollte sichergestellt werden, daß wirklich nur die Besten zum Gesellen gemacht wurden, wobei eine Lehrzeit immerhin bis zu zehn Jahren dauern konnte und ganz sicher kein Vergnügen war.
Mit großer Freude, allerlei Bräuchen und allerlei Späßen und hohen Kosten für die Hauptperson wurde dann in allen Ämtern der Geselle »gemacht«. Danach ging's »auf die Walz«. Die Lakenmacher in Lübeck waren im 16. Jahrhundert die ersten, die den *Wanderzwang* einführten. Fast alle anderen Handwerksämter folgten. Mindestens drei Jahre und einen Tag tippelten die Handwerksburschen durch die Fremde, nie weniger als einen Tagesmarsch vom Heimatort entfernt, bei mindestens sechs verschiedenen Meistern mußten sie arbeiten und Neues dazulernen. Unzählige Wander- und Reiselieder, Liebes- und Abschiedslieder sind bis heute Zeugen jener Wanderherrlichkeit. Wollte der Geselle schließlich Meister

werden, so mußte er außer den Wanderjahren und einer Probezeit – den *Mutjahren,* deren Dauer vorgeschrieben war – ein Meisterstück anfertigen und eine mündliche Prüfung ablegen. Außerdem mußte er Bürger der Stadt und *von gutem Geruchte und Künsten und des Amtes würdig sein,* – was nichts anderes bedeutete, als daß er von freier, ehelicher und deutscher Geburt wäre. Das wurde übrigens auch von seiner künftigen Frau, der Frau eines Meisters also, verlangt. Weder sie noch voreheliche, noch gemeinsame Kinder wurden sonst ins Amt aufgenommen – und durften daher das Werk des Vaters auch nie weiterführen. Das strenge sittliche Reglement der Amtsrollen verbot auch, daß schon Lehrlinge oder Gesellen heirateten; häufig durften sie nicht einmal dem Haus des Meisters, in dem sie alle die Jahre zu wohnen hatten, über Nacht fern bleiben. Gelegentlich nur gelang es Gesellen, den mühseligen Weg zur Meisterschaft zu verkürzen: durch ein Eheversprechen an eine Meisterwitwe oder an des Meisters Töchterlein. Unter Umständen sah man solches „von Amts wegen" sogar gern. Die Söhne der Meister genossen übrigens Sonderrechte. Ihre Lehrzeit wurde gekürzt, der Wanderzwang für sie aufgehoben. Mußten oder durften sie Vaters Amt und Bürde übernehmen, so erhielten sie die Würde der Meisterschaft gleich mit dazu.
Neben den zünftigen Handwerkern gab es die vielen »unfreien«, die vor den Bannmeilen der Städte lebten und arbeiteten. Immer wieder versuchten sie und die »unehrlichen« Gewerbe, in den Städten ihre Dienste und Produkte feilzubieten. Immer wieder wurden sie, die Amtsstörer, wie man sie nannte, die Stümper, Sudler, Pfuscher, Böhnhasen, vertrieben. Sie bekamen erst Rechte, als die Gewerbefreiheit alle überlieferten Zwänge aufhob. Im 17. Jahrhundert hatten die Landesherren im Norden schon einmal angeordnet, . . . *solche monopolische ambtsrollen, privilegia und freiheiten gänzlich abzustellen und die handwerker und hantierung ohne underscheid frei zu geben.* . . Ohne Erfolg. Der Dreißigjährige Krieg überflutete das Land, wirtschaftlicher Aufschwung der Städte war nur in der Ordnung der Ämter möglich. 1810 war es dann Preußen, das endgültig die Gewerbefreiheit einführte. Schleswig-Holstein und Lübeck folgten 1867. Die Handwerksämter wurden aufgehoben – und damit alle Ordnung. Die Freiheit neuer Gewerbetreibender, die Boten der Industrialisierung schufen Auswüchse. Frauen- und Kinderarbeit, in der Zeit der Zünfte verboten, nahmen überhand, Arbeitskräfte wurden elendig ausgebeutet. Erst die neugegründeten Handwerkskammern (1900 in Lübeck – nachdem schon seit 1867 ein Vorläufer, die Lübeckische Gewerbekammer, bestand) schufen neue Verhältnisse.

Ohnehin hatte sich fast alles für das Handwerk geändert. Seit 1767 James Watt die Dampfmaschine erfunden und England zum Mutterland der Industrie gemacht hatte, seit 1827 Marcus Hartwig Holler für seine »Carlshütte« in Rendsburg mit dem Kauf der ersten englischen »14-PS-Maschine« die Industrialisierung auch in Schleswig-Holstein einführte, übernahmen immer mehr Maschinen die Arbeiten der Hände. Von 1839 an baute Holler seine eigenen Dampfmaschinen, überall auf dem Lande entstanden arbeit- und zeitsparende Geräte, Fabriken lösten Kleinstbetriebe ab.

Neue Zeiten brachen an. Mit Riesenschritten zog die Zukunft ein. Die Zeiten der Ämter, der Handarbeit waren überholt. Nur hier und da haben Berufs- und Ständenamen überlebt, werden *Krugtage* und *Schaffermahlzeiten* nach altem Brauch gefeiert, sind Redewendungen geblieben. Wie die vom »Blauen Montag«, der seine unheilvolle Farbe vom Altarkleid am Montag vor Aschermittwoch bezog. Der Blaue Montag, der im 17. Jahrhundert »einbrach« in die übliche Arbeitszeit von 13 Stunden täglich – und mehr – und ab und an für freie Tage sorgte. Bis die Gesellen es zu arg mit dem Prassen und Saufen trieben und die Obrigkeit den freien Tag wieder vom Kalender strich. Nur die Redewendung ist erhalten geblieben – wie der Spruch: Blauer Montag, volle Kröpfe, leere Beutel, tolle Köpfe.

Stolz präsentierten si
sich dem Fotografen mi
»ihrem« Döschdamper, alle
die dazugehörten, die Dresche
und die vielen anderen
die mit der damals fort
schrittlichsten Maschin
das Handdreschen ablöste

Früher hörte ich die lustige Musik der Dreschflegel vom Dorfe her – jetzt summt und rauscht in jedem Herbst, sobald der Wind über die Stoppeln zu wehen beginnt, vor den Bauernhöfen die unvermeidliche Dampfdreschmaschine. Jetzt kreisen vor jedem Scheunentor in den aufgewühlten Ameisenhaufen geschäftiger Leute ruhelose Räder und Riemen. Staub, Qualm und Stroh!

So läßt Timm Kröger in seinen »Dreschermelodien« die vergangenen Tage des *Döschdampers* weiterleben. Mehr noch: Auch den Handflegeln, die ein Jahrtausend hindurch das Handwerkszeug der Drescher waren – bevor sie der explosiven Entwicklung des bäuerlichen Maschinenparks weichen mußten – singt der Dichter sein Lied:

Klipp-klapp! Duff-duff! Wie kräftig das klingt, drollig lustig und drollig wehmütig. Wenn das erste Paar anschlägt, sanft hell und leicht auf strotzende Ährenköpfe, genügt der Stoß des elastischen Handgelenks, die Werkzeuge kreisen nicht höher als die Hilgen der seitwärts belegenen Pferdeställe. Wie anders, wenn der Drescher im vollen Stroh arbeitet und das Werkzeug unter dem Druck der hocherhobenen, muskulösen Arme niederwuchtet! Der keulenartige Klapper stürmt hinauf bis zur Bodendecke der Tenne, verharrt dort wie ein aufblitzender Gedanke, dann reißt ihn des Armes Nerv in die Tiefe. Und gierig blinkt im Sprung das weiße Eschenholz. Noch höre ich das milde zeitweilige Kling-Klang, dann mischt sich genau im Halbstrich des Taktes das zweite Paar mit dunklerer Klangfarbe in den Reigen, endlich hastet im Sechsteltakt die lustige Melodie. Der Dreschflegel ist ein feines Instrument, vornehm wie die Geige. Es offenbart die Persönlichkeit des Künstlers, ist es gleich ein plumpes Holz. Da gleicht kein Schlag dem anderen, und vollendeter Zusammenklang im scheinbaren Wirrwarr . . .

Dreschflegel zieren nur noch Museumswände. Bilder von den zur Jahrhundertwende fortschrittlichen *Dreschdampfern* täuschen Romantik vor. Wie hart die Arbeit an dieser Maschine wirklich war, schildert der Landarbeiter Franz Rehbein aus eigener Erfahrung:

. . . Die Arbeit an der Dreschmaschine ist eine der anstrengendsten und aufreibendsten, die man sich denken kann. Von spätestens 4 Uhr in der Frühe bis zur Dunkelheit nachts – höchstens eine Stunde Schmierpause, in der schnell gegessen wird. Der Mensch muß mit der Maschine fortarbeiten, sie heult und brummt ohne Unterbrechung, der Mensch wird ihr Sklave, wird selbst zum Maschinenteil. Der viele Staub haftet fast zentimeterdick auf den Leuten – und häufig kann man am Ende des Tages nicht einmal schlafen, weil die Dreschmaschine noch in der Nacht von einem Hof zum nächsten gezogen werden muß . . .

Wenn auf den Höfen zu anstrengender Arbeit viele Hände gebraucht wurden, trieb es eine besonders eigenwillige Schar von Helfern herbei. Die »Monarchen«, gestrandete Originale aus allen Ständen, dem Branntwein und dem Wandertrieb verfallen. Jahr um Jahr, Zugvögeln gleich, wanderten sie im Frühjahr die Westküste hinauf, die Ostküste hinunter und verdienten sich ihr flüssiges Brot: *Die damals leeren Straßen wurden im Frühjahr von ihnen bevölkert,* schreibt ein Zeitgenosse. *In etwas gebeugter Haltung, verursacht durch den leeren Magen, das Gesicht*

Wie der Monarch Klaus Dunker aus Grömitz waren die meisten »Ritter der Landstraße« liebenswerte Originale

mehr oder weniger gerötet, in schlechter Kleidung, mit ausgetretenen Schuhen, die kleine Branntweinflasche in der Innentasche und den Haselstock als Wanderstab. Sie gingen gewöhnlich zu zweien. Ihre Pfennigeinnahmen reichten für die volle Flasche, aber sie nahmen auch mit Dank einen Teller mit warmer Suppe entgegen . . .

Die Ritter der Landstraße hatten ihr Monarchenlatein, verwilderte Umgangsformen und eigenwillige Bräuche. Aber sie waren gutmütig und beliebt und als kräftige Arbeiter willkommen. Kamen sie nicht selbst auf die Höfe, die sie schon kannten, so ließen sie sich Arbeit vermitteln.

Im Sommer wurden regelmäßig Menschenmärkte abgehalten. In Wesselburen, in Lunden, in Marne und anderen Orten mehr. Von der Geest her kamen die Hauer und Binder, zuweilen auch noch die Flegeldrescher, und stellten sich mit ihrem Quersack und ihrem Arbeitsgerät bei der Kirche auf. Die Bauern kamen und suchten sich die ihnen geeignet erscheinenden Arbeiter aus. War man über den Lohn einig, so gab der Bauer seinen neuen Helfern einen Grog. Dann fuhr man los.

Oft waren es Tausende, die auf den Märkten zusammentrafen und dort nach einer Anstellung suchten. Während Gesinde nur im Frühjahr und Herbst vermittelt wurde, hatten Tagelöhner ihre Märkte manchmal zweimal wöchentlich. Gelegentlich verdingten sich auch ganze Familien, um zusammen mehr Lohn zu bekommen.

Bald klangen die Sicheln im Korn, die Halme fielen, berichtet Franz Rehbein, *mit meinem Schwager war ich gemeinsam beim Hauen tätig, meine Frau band hinter uns die Garben. Überall dasselbe Bild – Kornfeld an Kornfeld und darauf in emsiger Tätigkeit Männer, Frauen, Kinder. Solange die Ernte dauert, kennt der Tagelöhner nur einen Grundsatz: Schaffen, schuften, schinden. Wie oft muß die Sichel fallen, wie viele Garben sind zu binden, ehe ein Morgen Land in Hocken steht . . .*

Eine karge Kammer war auf den Höfen häufig der Raum für Knechte und Mägde. Bernhard Winters Holzschnitt »Leutekammer« stammt aus der Jubiläumsausgabe des »Jörn Uhl« von Gustaf Frenssen, 1913

Ialm um Halm illt unter er Sense, ird von Iand zur Garbe zusam- nengebunden. Erntezeit« on Friedrich Kallmorgen, Kunsthalle u Kiel

Die Kraft von Pferden und Menschen mußte dort helfen, wo Maschinen fehlten. Oberlicht aus der Wilstermarsch. Schleswig-Holst. Landesmuseum, Schleswig

»Im Märzen der Bauer«, klingt es noch heute aus Kinderkehlen. Die Romantik, die dieses Lied heraufbeschwören soll, konnte so mancher nicht teilen, der sein Pflugland mit dem Pferdegespann beackern mußte, von Hand säte und auch sonst eher einem Handwerker glich – wie der heutige Landwirt einen technisch versierten Ein-Mann-Betrieb mit Maschinenpark darstellt. Das entbehrungsreiche, kräftezehrende Leben auf dem Lande bekamen besonders Knechte und Mägde zu spüren:

Pflügen, Säen und Mähen war Männerarbeit. Auch das Mistfahren. Hackfrüchte schaufeln, Rüben und Möhren jäten, Gartenarbeit machten die Mägde und die Bauersfrau. Auch das Miststreuen. Kartoffelernte wurde gemeinsam erledigt. Im Winter gingen Bauer und Knecht zum Holzfällen – das Zersägen und Spalten erledigten sie, das Zerkleinern des Bundholzes mit dem Beil war Frauenarbeit. Vor allem fürs Melken und Buttern waren Frau und Mägde zuständig. Nach dem frühen Wecken ging die Großmagd in den Stall zum Melken, die jüngere Magd machte Feuer im Herd an und betätigte sich dann auch im Kuhstall. Sie goß die Milch durch die Seihe und

»Der Bauern Stand« – wie an ein Föhrer Laienmaler in seiner Vielfalt aufzeichnete

melkte auch ältere Kühe. Die Milch wurde größtenteils in Kannen gefüllt und zur kleinen Molkerei geliefert. Einen Teil goß die Bäuerin in irdene Näpfe und stellte sie zur Rahmbildung in den Milchschrank. Für den eigenen Butterbedarf wurde der fette Rahm abgeschöpft. War genügend eingesammelt, füllte man ihn in die Butterkerne, und die Großmagd butterte. Nach dem Melken wurde das Vieh gefüttert. Dann erst wuschen und kämmten sich die Mädchen, wechselten die Oberbekleidung und gingen zum Morgenkaffee. In der Zeit putzte der Knecht die Pferde, fütterte sie und tränkte sie. Der Pferdestall wurde nicht täglich ausgemistet, aber jeden Tag mit frischer Streu versehen. Anschließend mußte der Knecht den Kuhstall abmisten, in der Schneidelade Stroh schneiden und den Kuhstall streuen. Dann erst machte er sich zum Kaffeetrinken fertig.

So begann der Tag auf einem norddeutschen Hof Anfang dieses Jahrhunderts. Und mit viel Arbeit ging er weiter. Es war selbstverständlich, daß die Mägde und Knechte, wenn sie am Ende des Tages – spät genug – Feierabend hatten, noch Arbeiten im Haus verrichteten und schließlich in ihren Kammern todmüde in den Schlaf fielen. Für ein paar Stunden bis zum Morgengrauen.

Besonders schlecht muß es den Mägden auf den Höfen der ungewöhnlich reichen Dithmarscher Bauern ergangen sein. In Graf Adelbert Baudissins Beobachtungen aus dem Jahr 1864 liest es sich so: *Die Stellung der Dienstboten der Bäuerin gegenüber erinnert lebhaft an die der Sklaven Nordamerikas. Die Magd wird schlecht besoldet, ist ungeschlacht, schmutzig, ungebildet und im Grunde genommen nur Arbeitsmaschine, die dreimal täglich Nahrung bekommt und von Abends zehn bis Morgens drei Uhr schlafen darf. Kein freundliches Wort wird mit den unglücklichen Mädchen gewechselt; die von einem dithmarser Patrioten angeregte Idee, die Mägde in die Familien zu nehmen und auf ihre Bildung und Moralität einzuwirken, hat einen Sturm der Entrüstung hervorgerufen.* Hart geht der kritische Autor mit der hochmütigen Herrin ins Gericht. Aber er findet auch die Ursache für den »unausstehlichen Egoismus und Geldstolz«: *Der dithmarser Bauer ist durch die unübertreffliche Fruchtbarkeit seiner Felder und durch die geringe Hülfe, deren er bei dem Bestellen der Aecker gebraucht, vor allen anderen Landleuten Deutschlands bevorzugt. Mit zwei Knechten besorgt ein großer Hofbesitzer seine Rappssaat, Bohnen-, Erbsen- und Waizenfelder; er hat nur so viele Pferde, als er nothwendig bedarf, höchstens sechs bis acht Kühe, einige Schafe und einen großen Theil seines Landes in Ochsenwaide liegen. Kommt er mit den beiden Knechten nicht aus, so miethet er Tagelöhner.*

Emil Noldes Ölgemälde »Melkmädchen« ist ein farbenprächtiges Dokument der drachtentragenden Melkerinnen mit ihren Milcheimern. Sammlung der Nolde-Stiftung, Seebüll

Vogelkojen – wie auf diesem alten Föhrer Foto – gibt es auch heute noch. Einige als Ziel für Spaziergänger, einige aber auch noch als Fallen für Flugenten. Doch die Rekordergebnisse vergangener Zeiten erreicht kein moderner Kojenmann . . .

Der *Kojenmann* wartete geduldig auf seine Beute. Bis zu 2000 Wildenten sind früher an einem Tag in einer *Vogelkoje,* einer reusenähnlichen Fanganlage, gefangen worden. Den absoluten Rekord brachte wohl das Jahr 1769: Allein in der Koje von Oevenum auf Föhr wurden in diesem besonders guten Fangjahr 67 000 Enten gefangen. Wenn die Enten im März aus dem Süden gen Norden zogen – vor allem aber, wenn sie im Herbst mit neuem Nachwuchs an die nordfriesische Küste zurückkehrten –, hatte der Kojenmann alle Hände voll zu tun. Der Entenfang war eine gute Geldquelle. Eingesalzen wurden Tausende von Tieren exportiert. Bis 1931 war auf Föhr noch eine Konservenfabrik in Betrieb, die Wildenten verarbeitete. Aus dem Verkauf der Federn und Flügel wurde noch zusätzlich Gewinn erzielt.

Was mir geblieben ist durch alle meine Jahre, das ist, daß mir jederzeit das Herz im Leibe sich froh bewegte, wenn ich eine Mühle in schnellem, freudigem Gang sah – so lang ich hab sehen können.

So Claus Harms, der berühmte Kieler Prediger, der mit seinem Bruder zusammen als Schuljunge die väterliche Mühle betreute: *Gar manche halbe Nacht hab' ich zur Winterszeit in dem bretternen Hause, wie man die Mühle zuweilen nannte, zugebracht, in Arbeit bei gutem Winde, und, was noch schwerer war, ohne sonderliche Arbeit bei schwachem Winde. O, das ist wohl eine lange Zeit, von 1 Uhr mitternachts, oder von 9 Uhr abends bis 6 Uhr morgens auf der Mühle stehen! Bei Tage kam eine Art Eitelkeit dazu. Die Mühlen standen in einer so geringen Entfernung von einander, daß weitsehende Augen leicht 12 bis 13 Mühlen sehen konnten. Da galt es denn*

Die Werbung und ihre Einflußnahme auf unser täglich Brot ist durchaus kein Kind unserer Zeit – wie diese Postkarte von 1910 beweist. Altonaer Museum

nun, wer die meisten Segel führen konnte bei stärkerem Winde, und eine Wonne war's, andere Mühlen bis auf halbe Segel, ja bis auf 4 Lappen hinaufzutreiben. Da wurde gewagt, und auf meines Vaters Mühle, einer Bockmühle, haben mein Bruder und ich manchmal zu gleicher Zeit den Graupengang und den Mehlgang vorgelegt, was man sonst nur auf holländischen Mühlen tat. Da ging es hart über die Flügel und über das Gebäude her. . .

Ein Sprichwort sagt, es liege immer ein Dieb oben, wenn man einen Leineweber, einen Müller und einen Schneider in einen Sack stecke und dann den Sack den Berg hinabrolle. Beweis genug, wie wenig man den Müllern traute. In ältesten Zeiten gehörte der Müllerberuf ohnehin zu den „unehrlichen" Berufen, die außerhalb aller Zunftrechte betrieben wurden. Die Müller standen meist in dem Ruf, es mit dem *Matten* nicht gar zu genau zu nehmen, dem Entgelt, das sie für das Vermahlen von Weizen, Roggen, Malz und Futterkorn erhielten. So mancher Müller hatte keine geeichte Waage und ein sehr persönliches Reglement der Bezahlung. Nur dort, wo beeidigte *Kornmesser* und *Wäger* zur Mühle gehörten, konnte der Mühlengast sicher sein, daß nicht zuviel von seinem Mahlgut im Getriebe des Müllers hängenblieb.

So, wie man von jedem Müller glaubte, daß er Mehl und Korn im eigenen Sack verschwinden ließ, so glaubte man auch jahrhundertelang, daß jeder *Bäcker* seine Brote und Brötchen zu klein und zu teuer verkaufte. Ganz unberechtigt war das Mißtrauen wohl nicht – warum hätten sonst allerorten Brotkontrolleure für Ordnung gesorgt. Als sich die Bürger Lübecks 1546 über die »Kleinheit des Brotes« beschwerten, ordnete der Rat der Stadt nach gestrengen Kontrollen an, daß fortan Brote und Brötchen durch Stempel kenntlich gemacht werden müßten. So wollte man gewissenlose Teigkneter überführen. In Itzehoe mußte derjenige Bäcker, dessen Brot für zu leicht befunden worden war, hohe Geldstrafen bezahlen. Fehlte einem sechspfündigen Roggenbrot gar ein ganzes Pfund, dann holte man alle Backwaren des betreffenden Bäckers ins Rathaus und verteilte alles Beanstandete kostenlos an die Armen der Stadt.

Von jeher nahmen die lebensmittelbereitenden Professionen, wie Bäcker, Bierbrauer, Müller, Schlachter usw. eine ganz besondere Stellung ein, anders als jene, deren Geschäfte besondere Vorrichtungen, Kenntnisse und Fertigkeiten bedingten.

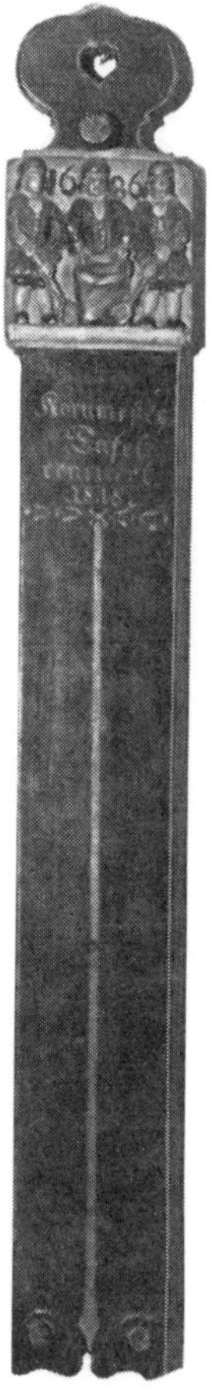
Kornmesser bei der Arbeit. Ein geschnitztes Zechbrett aus dem Jahr 1686. St.-Annen-Museum, Lübeck

So beklagt der Autor einer überlieferten Chronik die Probleme des Bäkkerhandwerks.

Es geschah milliardenmal und wird noch eben so oft geschehen, daß der Bürger und Bauer sich selbst sein Brod einmengte und im eigenen Ofen oder im Gemeinde-Backhaus die Laibe gar machte, und dieselben Leute haben geschlachtet und werden schlachten, ohne das Handwerk erlernt zu haben, höchstens mit Hilfe eines als Tuglöhner funktionierenden Hausschlächters.

Auf eigenwillige Art knetete Bäcker Carsten Mahn aus Wewelsfleth seinen Teig – wie es die Fotografie aus dem Jahr 1930 überliefert

Wie hier in Dithmarschen hatte einst jedes Dorf seinen Steinbackofen, der fachmännisch beschickt wurde

Der schärfste Konkurrent der Bäcker war ohne Zweifel die Hausfrau, für die das Backen zur gewohnten Arbeit gehörte. So galt es also, als Bäcker Besonderes zu präsentieren. Daher mußte man sich frühzeitig spezialisieren.

Die *Grobbäcker* – auch *Schwarz-* oder *Sauerbäcker* genannt – buken kräftiges, dunkles Brot aus Roggenmehl. *Weiß-* oder *Feinbäcker* – auch *Süßbäcker* genannt – arbeiteten nur mit Weizenmehl. Dann gab es die *Fest-*

bäcker, die Weißbrot und Stuten buken und in Seestädten die Spezialisten für feste Gebäcke waren – Zwieback und anderes Dauergebäck. Die *Losbäcker* lieferten leckere Brötchen und Kuchen – allerdings nicht die Kunstwerke, die in den Bereich der Konditoren fielen. Regional typisch gab es dann noch *Semmler* und *Flader, Brezenbäcker, Lebküchler* und *Mutzenbäcker.*
Nur in Schleswig-Holstein zu Hause – durch ihren Export aber vor Jahrhunderten schon weltweit bekannt – waren die *Störkringelbäcker,* die vor allem Walfangschiffe mit ihren kleinen, haltbaren Aniskringeln beliefer- ten.

Viel beeindruckender als der Hausschlachter und sein Handwerk war für diese Petersdorfer Kinder der Fotograf mit seinem geheimnisvollen Kasten. Festtäglich herausgeputzt, posierten sie – und der stolze Vater

An der Koppelschnalle könnt ihr sie erkennen . . . Die Schlachter schmückten ihre Gürtel gern mit solchen Schnallen aus Messing

So mancher Bäcker hatte noch eine Nebeneinnahme: Er braute nebenbei und mästete Schweine. Wenn er dann zum Brot auch noch das Fleisch verkaufte, gab es endgültig Streit mit den *Schlachtern* wegen dieser unliebsamen Konkurrenz. Denn auf dem Lande waren sie fast nur als Hausschlachter gefragt. Nicht umsonst heißt es in einem Lied der Schlachtergesellen: *Sie gehen oft einen weiten Weg über Berg und über Steg, durch Tals, Wald und Graben. . .* Und in der Stadt mußten sich die Schlachter einem scharfen Reglement und steten Kontrollen unterziehen. Wer zum Beispiel in Schleswig Fleisch nicht vom weißen Laken verkaufte und es mit der Frische der Ware nicht so genau genommen hatte, mußte dieses Fleisch nachweislich als minderwertig kennzeichnen und zu einem Spottpreis verkaufen.
Eine seit altersher geachtete Zunft war die der *Fleisch-* oder *Knochenhauer.* Auf den Märkten hatten sie ihre Schrangen, die Verkaufsstände, an den besten Plätzen und einen angesehenen Kundenstamm. Ganz anders die *Küter,* die als *Kopfschlachter* und *Wurstmacher* arbeiteten. Häufig erhielten sie anstelle des Lohnes die Eingeweide und das Fett und wurden nach den Kutteln auch *Kuttler* genannt.

Eine ganze Reihe von Nebengewerben entstand aus dem Fleischerhandwerk: Der *Brüher,* der *Sulzer* und der *Garbereiter* oder *Garbrater,* Vorläufer der Gastronomen und des Feinkosthandels. Sie kochten oder brieten ausgesucht gute Fleischstücke und verkauften außerdem noch Delikatessen wie Lachs und Lämmer. Im übrigen wachten sie darüber, daß ihnen niemand an einem Braten herumpfuschte, der nur unter ihrer Aufsicht garen durfte.
Bestes Beispiel dafür ist der Streit der lübschen Garbräter im Jahr 1665.
Die Lübecker hatten sich angewöhnt, ihre Feste und Feiern im auswärtsgelegenen Schwartauer »Großen Krug« zu begehen – sehr zum Nachteil und zum Leidwesen der Garbereiter aus der Hansestadt.
Die wußten sich schließlich nicht anders zu wehren, als daß sie eigenhändig die Braten vom Spieß stahlen und sie den Armen der Stadt als Festtagsschmaus überreichten. Eine wirkungsvolle Eigeninitiative, wenn man nicht zu seinem Recht kam. . .

Einen Garbereiter bei der Arbeit erkennt man auf dieser Strafbüchse aus dem Jahr 1638, die dem Amt der Lübecker Garbereitergesellen gehörte. St.-Annen-Museum, Lübeck

Unter dem Namen Holländermädchen verstand man im allgemeinen verwilderte, rohe, unzüchtige Dienstmädchen beim Holländer. Nur heruntergekommene Mägde nahmen freiwillig in einer Holländerei Dienste. Ohne Mädchen konnte der Holländer seinen Betrieb nicht führen – gute, ehrbare waren nicht zu haben, also mußte er zu dem schlechteren Material greifen. Freilich muß man zur Entschuldigung anführen, daß sie einen sehr schweren Dienst hatten. Im Sommer waren sie von morgens 2 Uhr an in Bewegung. Fast ihre einzige Erholung war der Schlaf. Da ist es kaum zu verwundern, daß sie in wirklich freien Stunden sich nicht in Zucht nahmen, daß Zucht- und Zügellosigkeit bei ihnen einrissen. Rohheit, grobe Sinnlichkeit, Unzüchtigkeit sind die Charakterzüge ihres Frohseyns.

Das harte Urteil eines Dorfchronisten aus der Mitte des vorigen Jahrhunderts!
Im 16. Jahrhundert hatten zahlreiche Niederländer ihrer Heimat aus religiösen Gründen den Rücken gekehrt. Viele nahmen sich im Norden der Milchwirtschaft an, die noch ganz im bäuerlichen Kleinbetrieb dahinschlummerte. Gutsbetriebe waren es, die als erste Pachtverträge mit Holländern schlossen und damit den Anstoß gaben zu einer erfolgreichen Entwicklung der Milchwirtschaft. *Da sie gute Geschäfte gemacht haben,* schrieb ein Landsmann über die Holländer, *haben sich bald viele Leute dazu hergegeben. Bürgersleute aus den Städten, Bauern und Handwerker haben sich Kühe gepachtet und sind Holländer geworden. Und man hat sie alle so genannt.*

Die Pachtverträge waren hart für die *Holländer.* Die Arbeit auch. Es bedurfte vieler Helfer. Ob es die *Meierin* war – häufig die Frau des Pächters –, ob es die zahlreichen Mädchen waren, der in jeder Holländerei notwendige Böttcher oder der Hütejunge, alle zusammen hatten unter der Aufsicht des Holländers und seines Meiereiknechtes von früh bis spät, Tag um Tag reichlich zu tun. Die Arbeit ohne Maschinen war beschwerlich. Aber der Fleiß der Holländer brachte Erfolg. In großen Mengen konnte die goldgelbe Holländer-Butter exportiert werden, und auch die 16 bis 24 Pfund schweren »Holländerkäseknöpfe« rollten in viele Länder. Mancher Holländer machte sich nach Jahren der Schufterei frei aus seinem Pachtvertrag und zog als Butter- oder später als Milchmann übers Land. Er kaufte bei den Bauern und in den Holländereien die Ware auf und brachte sie auf die großen Märkte. Wie der *Butterhändler,* den Timm Kröger in seiner Stall- und Scheunengeschichte »Hein Wieck« beschreibt:

Ein Bild des Friesenmalers Carl Ludwig Jessen aus Niebüll: eine Büttenmeierei um 1870. So mag es in der damaligen Zeit in den Holländereien der Gutsbetriebe ausgesehen haben. Links die verantwortliche »Meiersch«.

So zogen einst die Milchhändler mit ihren Wagen durch Stadt und Land. Diese Vereinsfahne der Holländer und Milchhändler von Lübeck und Umgebung hängt heute in der Historischen Raiffeisenmeierei des Kieler Freilichtmuseums

Butterkerle nannte man die Handelsleute, die Butter aufkauften, in Hamburg absetzten und dafür Kolonialwaren wieder herunterbrachten. Balster zum Beispiel, ein Optimist und mittelgroßer Mann in gelbem Leder, etwas fett und fettig, wie es das Geschäft mit sich bringt. Er fuhr auf einem blauen Wagen, worüber auf Reifenrippen ein angeblich weißes Laken gespannt war. Auf dem Ganzen lag ein gewisser Glanz, wobei nicht allein der eigentümlich blinkernde Schwanz des großen schwarzen Pferdes, sondern auch Balsters gelbe Lederhose beteiligt war.

Solche Butterhändler kamen leicht zu Reichtum, wenn sie geschickt zu handeln wußten. Von Hinrich Peter Timman weiß man zum Beispiel, daß er *jedem Holländer zum Weinacht ein Paket Hamburger braun Kuchen, nebst einem Silbernen eßlöffel mit seinem vollen Namen* schenkte.
Noch bis zum Ende des letzten Jahrhunderts war die Selbstversorgung mit Milch und Milchprodukten auf so manchem Bauernhof eine Selbstver-

Buttermagd auf einem Trachten-aquarell von Frederik Christian Lund (1861). Altonaer Museum

ständlichkeit, während die Holländer schon erfolgreich den Grundstein für eine geordnete Milchwirtschaft gelegt hatten. Doch als die Technik auch in diesen Arbeitsbereich Einzug hielt, schlossen sich immer mehr Landwirte zusammen, um in zentralen Betrieben die Milch in größeren Mengen rationeller verarbeiten zu lassen. Allein in den Jahren von 1883 bis 1887 entstanden 350 Genossenschaftsmeiereien im Lande. Die Bäuerin mit ihrem Kleinstbetrieb war entlastet, die Holländereien konnten mit der technischen Entwicklung nicht standhalten. Nur in der größeren Gemeinschaft ließen sich Zentrifugen und Dampfmaschinen anschaffen und sinnvoll nutzen. Milchviehbestände wurden vergrößert, Molkereien technisch immer besser ausgestattet. Ein neues Zeitalter für die Milchwirtschaft war angebrochen.

Mit dem Stoßbutterfaß sorgte so manche Bäuerin noch bis in unser Jahrhundert hinein für hausgemachte Butter. Ein mühsamer, zeitaufwendiger Vorgang. Und doch war jede *Butterfrau* stolz darauf, die weit und breit beste Weidebutter zu haben, nach der sogar der weitgereiste Butterhändler fragte. Wollte es mit dem Buttern dagegen nicht gelingen, so waren meist Hexen daran schuld oder der Hausgeist Nis Puk, der in seiner letzten Grütze nicht genügend Butter vorgefunden hatte.

Viel Aberglauben rankte sich in den verschiedenen Gegenden um das Butterfaß – sogar in Hexenprozessen tauchen die Anklagen auf, die betreffende Person habe aus allen Häusern Milch gezogen und zu Butter gemacht oder der Bäuerin ins Faß geschaut und so das Buttern verhindert.

Besonders im Mai, so glaubte man im Holsteinischen, nahmen die Hexen vor Sonnenaufgang den Tau mit großen Tüchern von den Weiden auf und schadeten damit dem Vieh. Sie selbst verwandelten den Tau, der »Himmelsmilch« sein sollte, in beste Butter. Der Bäuerin blieb bei dem vielen Zauber, den die *Butterhexen* trieben, nichts anderes übrig, als viel Gegenzauber anzuwenden, wenn sie ans Buttern ging. . .

Die Raffination geschieht durch Auflösen des Rohzuckers in wenig Wasser, Kochen der Lösung mit Ochsenblut und Knochenkohle, Filtration, Verdunste, Ausfließenlassen, bis der Sirup anfängt, Krystalle auszuscheiden. Die Masse wird dann in kegelförmige, an der Spitze offene, aber mit einem Stöpsel verschlossene Formen von Thon oder Kupferblech gebracht, in welchem man sie vollständig erstarren läßt.

So erklärt der Brockhaus von 1868 die Entstehung des *Zuckerhutes.* Seit der ersten Hälfte des vorigen Jahrhunderts wurde Rübenzucker gewonnen, und damit wurde der kostbare Süßstoff erschwinglicher. Die *Zuckerbäcker* stellten die spitzhutförmigen »Brode« her, waren aber auch kunstvolle »Bäcker« von allerlei Süßigkeiten. Aus Zucker, Mandeln, Rosinen, Reis und verschiedensten Nüssen zauberten sie kunstreiche Köstlichkeiten. Mehl durften sie nicht verarbeiten, daher wurden von den Zuckerbäckern, obgleich sie häufig auch Konditoren genannt wurden, keine Torten oder Kuchen gebacken. Aber je mehr fürstliche Hofhaltungen sich ihre eigenen Zuckerbäcker hielten und je volkstümlicher der Gebrauch von Zucker und Zuckerwaren wurde, desto vielfältiger wurden die Leckereien, die sich Augen und Gaumen darboten. Wozu schließlich auch das Marzipan gehörte – ursprünglich ein Heilmittel und damit Privileg der Apotheker.

Das Friesische Salz gibt dem Lüneburger garnichts nach, weder an Feinheit und Farbe, noch an Schärfe. Was die Feinheit und Farbe anlanget, so ist das hiesige Salz eben so fein, und dabei viel weißer und hellglänzender als das Lüneburger, fast wie ein Kanarienzucker. Und wenn man dessen Schärfe untersucht, so gestehen alle, die sich dessen bedienen, daß starke Speise, als Speck, Rindfleisch etc. am besten damit verwahret sei. Das Englische Salz mag gar nicht damit verglichen werden wovon man hierzulande Proben hat.

Kunstvoll geschnitzt mit den verschiedensten Motiven waren früher Modeln für hausgemachte Butter – wie dieser aus dem Schleswig-Holsteinischen Landesmuseum in Schleswig

Als »weißes Gold« bezeichnet man nicht nur hierzulande seit Jahrhunderten das Salz. Daß es – wie obiger Augenzeugenbericht aus dem Jahre 1768 beweist – im Norden nicht nur aus Lüneburg kam und über die heute so genannte *Alte Salzstraße* transportiert wurde, scheint jedoch fast vergessen. Man weiß von den beachtlichen Salzvorkommen in Lüneburg, von den Salzquellen in Bramstedt und Oldesloe, Tralau und Heide. Man liest von Steinsalz, das in Segeberg und Schobüll gefördert wurde. Die Nachrichten vom Friesischen Salz aber sind nahezu verschüttet. Dabei haben die nordfriesischen *Salzsieder* ihr weißes Gold rund 600 Jahre lang aus

Eine Pfeifen-Pause haben sie sich verdient, die Zuckerbäcker in ihren schmucken Schürzen. Nach einer kolorierten Radierung v. C. Suhr (1808)

dem Meer gewonnen – und zwar nicht durch Meersalinen und Salzgärten, in denen die Sonne die Verdunstung vornimmt: Die Nordfriesen siedeten ihr Salz aus dem Seetorf. Mit großer Mühe bargen sie untermeerischen Torf, trockneten und verbrannten ihn und gewannen dann auf umständliche Weise aus der Asche – mit Hilfe von Seewasser – das kostbare Salz. Auf allen Märkten des Nordens, in allen Umschlaghäfen traf man jahrhundertelang Friesen mit ihren vollgeladenen Salzschiffen. Ein lukratives Gewerbe, da der Fischreichtum der Meere nur genutzt werden konnte, wenn genügend Salz zur Konservierung herbeigeschafft wurde. Erst als gegen Mitte des 18. Jahrhunderts der Schlicktorf seltener, das Brennmaterial teurer und das Salinensalz konkurrenzfähig wurde, mußten die friesischen Salzsieder aufgeben.

Die Germanen, so sagt man, hätten das *Bierbrauen* für die Hauptbeschäftigung der Überirdischen gehalten – wenn diese nicht gerade ihren Spuk mit den Erdmenschen trieben. Und da man die riesigen Wolkengebilde für übergroße Braukessel hielt, bezeichnete man Regen als herabrinnendes Bier. Aufsteigende Nebelschwaden schob man den Hexen und ihren Braukünsten in die Besen. . . Spätere Generationen im Norden griffen lieber selbst zu Malz und Hopfen und gönnten sich selbst den großen Schluck mit dem hausgebrauten Fröhlichmacher. Ohne Rücksicht auf mögliche »göttliche« Rache-Räusche.
Bis in unsere Tage gehörte im Norden das Bierbrauen zu den Pflichten der Hausfrau, war es ihr Stolz. In der Zeit, da es weder Kaffee noch Tee gab,

Brauerknecht mit Fässern. Stuhlbekrönung von 1628 aus der Lübecker Burgkirche. St.-Annen-Museum, Lübeck

war die hauseigene Bierquelle Durstlöscher zu allen Tages- und Jahreszeiten.
Zum selbständigen Gewerbe wurde die Brauerei frühzeitig. In großen Mengen baute man im Norden Hopfen an und erteilte wohldosierte Braurechte an *Brauer, Mälzer* und *Brenner*. Jede Stadt war überzeugt, daß in ihren Mauern die besten Biere und die schmackhaftesten Schnäpse aus den Fässern liefen. In alle Himmelsrichtungen exportierte man die kostbaren Tropfen. Und so sangen die Brauerknechte mit Recht in ihren fröhlichen Liedern:

Kaiser, König, große Herrn,
Sie trinken, was wir brauen gern.
Denn was ist einem wohl gesunder
Als ein Gläschen Doppelplunder?
Auch ein Gläschen Lagerbier?
Sagt, ein Fuder lob ich mir.

Ein Branntweinbrenner ziert diesen Fayence-Humpen aus dem St.-Annen-Museum in Lübeck

Man begnügte sich nicht damit, das Bier nach dem Brauort zu benennen. Ein Knittelvers-Poet beweist uns, wie witzig, spöttisch und ausgefallen manche Namen waren. Hier ein paar Auszüge:

. . . Leipzig, sonst die Lindenstadt,
Rastrum in dem Keller hat.
Hall kann mit dem *Puff* stolziren
Und dahin die Säufer führen.
Mord und Todschlag bräut Eisleben,
Goslar kann uns *Gose* geben.
Keuterling Wettin uns schenket,
Rummeldeuß an Ratzburg denket.
Delitsch hält den *Kuhschwanz* her,
Herford hat an *Kamna* Ehr.
Osnabrück kann *Buse* zeigen,
Witte will in Kiel nicht schweigen.
Jena hat *Dorfteufels* g'nug,
Israel macht Lübeck klug.
Eckanforder *Cacabulle*
Ist nicht feil für eine Mulle.
Wernigrode hat *Lumpenbier,*
Boizburg biet den *Kerl* zur Zier . . .

Wenn die Braut nach der Trauung aus der Kirche ins Hochzeitshaus zurückkommt, steht der Schaffer bei der Stubenthür und reicht ihr eine gestopfte Tabakspfeife, die sie selbst an Kohlen anzündet und raucht.

Überlieferter Brauch aus Wilster und der Wilstermarsch. Dort war es auch bis in unser Jahrhundert hinein für die Frau Zeichen ihres Ehestandes, in der Öffentlichkeit rauchen zu dürfen. Wohingegen es in Kiel und anderswo noch bis 1860 verboten war, überhaupt auf offener Straße eine Pfeife anzustecken.

Als das Zigaretten-Rauchen Mode wurde, gab es neue Arbeitsplätze für Frauen. Mit geschickten Händen drehten sie die »Glimmstengel«

Auf große Rollen mußte der Tabak gesponnen und gedreht werden, bevor er weiterverarbeitet werden konnte

Das »Tabaksaufen« kennt man im Norden seit der Mitte des 17. Jahrhunderts. Ursprünglich hatten wohl die Apotheker das Privileg, Rauch- und Schnupftabak zu vertreiben, der häufig auch für medizinische und tierärztliche Zwecke benutzt wurde. Doch bald gab es auch für den reinen Genuß die *Tabackspflantzer, Tabackspinner* und *Tabackspfeiffenmacher* im Lande. Der Inhaber einer »vollständigen Toback-Spinnerey oder Tobackfabrike« durfte in Glückstadt im 18. Jahrhundert für *eigene Rechnung alle Arten von Rauch-Toback on Rollen und Cardusen herstellen oder sonst verarbeiten, spinnen und kerben, wie auch alle Arten von Schnupf-Toback durch reiben, schneiden, mahlen oder durch andere Mittel verfertigen und zubereiten. Außerdem ausländischen verzollten Tabak feil halten und absetzen.*
Dem Gast bot jedermann Tabak an, besonders bei festlichen Gelegenheiten – bis die gedrehten Zigarren und Zigarètten Mitte des letzten Jahrhunderts Verwunderung, Aufregung und neue Sitten brachten: *Es erregte große Verwunderung, als man 1848 auf einer Hochzeit in Blumental mit der bisherigen Sitte brach und statt des losen Tabaks Zigarren reichte,* berichtet Chr. Kock aus Schwansen. *Ein alter Mann wußte hernach nicht genug von dieser Hochzeit zu erzählen: »Gott's Ungelück, wat wärdt vörn Hochtied! All de Kerls smökten Pegarn! . . .«*

In fröhlichen Wanderliedern gibt es sie noch: Herrn Meister und Frau Meisterin. Hier und da »tippelt« auch noch ein Zimmermann nach altem Brauch durch Stadt und Land. Dereinst aber war für die meisten Handwerksburschen die Wanderzeit die glücklichste und ereignisreichste Strecke ihres ganzen Lebens.

Ein wohlgereister Mann,
der in der Welt gewesen ist,
der etwas weiß und kann,
von dem ist viel zu halten
bei Jungen und bei Alten. . .

So und ähnlich klingt es in den Wanderliedern der jungen *Handwerksburschen* von einst. Mit Verachtung blickte der gewanderte Geselle auf seinen Kollegen, den weder Wanderdrang noch Wanderzwang vom heimischen Herd fortgetrieben hatten:

Wenn montags wir beisammen sind
und unsre Reisen zählen,
da möchte manches Hätschelkind
sich bald zu Tode quälen,
das nur in seiner Mutterstadt
beim Vater ausgelernet hat
und helfen Rüben schälen. . .

Einst war es Ehrensache, daß der Handwerksgesell nach beendeter Lehrzeit sein Bündel schnürte und außer Landes zog. Mit dem Handwerksgruß *Gott grüßt das ehrbare Handwerk, Meister und Gesell* betrat er unterwegs fremde Werkstätten und fand freundliche Aufnahme, wenn er bereit war, tüchtig zu arbeiten und zu lernen. Die Amtsrollen der verschiedenen Gewerbe setzten die Dauer der Wanderjahre fest. Mehrere Jahre der Wanderzeit waren üblich, Goldschmiede und Bildschnitzer zum Beispiel mußten sogar sechs Jahre lang in der Fremde lernen. Dabei war es zu allen Zeiten so, daß man sich als Meistersohn und als wohlhabender Gesell von solchen Zwängen freisprechen oder -kaufen lassen konnte. Häufig zum eigenen Nachteil. Denn mancher, der sogar bis zum Balkan und in die skandinavischen Länder zog, hatte bei seinen fremden Meistern viel gelernt und kam weltgewandt zurück in die Heimatstadt. So mancher freite sich auch in der Fremde in einen Meisterbetrieb ein und sicherte sich so zu beruflichem auch privates Glück.

Die kunstreiche Intarsienarbeit dieser Lade der Tischlergesellen aus dem Jahr 1600 zeigt eine Tischlerwerkstatt. St.-Annen-Museum, Lübeck

Sie haben ihr Bündel geschnürt und gehen auf die Walz – Lübecker immergesellen auf der Wanderschaft

Die »tippelnden« *Zimmerleute* gehören zu den wichtigsten und ältesten Handwerksberufen aller Zeiten. Sie waren es, die für das Dach über dem Kopf sorgten, und nicht umsonst gebührt ihnen noch heute das Recht des Richtspruchs und des Glasopfers.
Zusammen mit den Zimmerleuten haben die *Tischler, Maurer, Dachdekker* und *Glaser* zu allen Zeiten für das Wohl und Wehe eines jeden einzelnen gesorgt – auch, als sie noch reine Handwerker waren. Man kann sich nur schwer vorstellen, daß der Zimmermann einst sämtliches Holz für den Dachstuhl und für das Gebäudefachwerk von Hand schlagen mußte: Zentimeter um Zentimeter wurde mit einem haarscharf geschliffenen Breitbeil zugehauen. Der *Tischler* stellte in Handarbeit kunstvolle Paneele und Möbel her – man denke nur an das handwerkliche Können, das zum Beispiel die erhalten gebliebenen Wilstermarschstuben dokumentieren. Der *Ziegler* schöpfte Stein um Stein von Hand. Der *Dachdecker* nähte ein Reetbündel nach dem anderen – unterstützt von seinem »Binnenneiher« – von Hand, und der Glaser konnte so wenig wie die anderen Handwerker sein Fertigprodukt aus der Fabrik beschaffen.
In den Zeiten, da die Maschinen den Bauhandwerkern noch nicht die Arbeit vieler fleißiger Hände abnehmen konnten, war der Hausbau – wie so vieles andere – eine Gemeinschaftsarbeit aller Dorfbewohner. Jeder packte mit an oder schickte wenigstens seine Leute zur Hilfe. Wie es noch vor gut einem Jahrhundert auf Fehmarn beim Bau eines Lehmhauses zuging, lesen wir bei dem Heimatforscher Peter Wiepert:

Wenn das Bauen beginnen sollte, richteten die Maurer zunächst an der nordöstlichen Ecke des Neubaus den »Sünnstock« auf. An das obere Ende wurde ein Eschenzweig genagelt. Der Lehrjunge mußte fließendes Wasser aus einem Graben in das Pfahlloch gießen, damit der Bauherr, Meister, Gesellen und Lehrlinge Glück beim Bau hatten. . .

Nur mit Handarbeit, so scheint es, ging es doch nicht. Man bediente sich zuweilen gern der Gunst der Götter. . . Wiepert berichtet, wie zuerst die großen Fundamentsteine gesetzt wurden, dann die hölzernen Ständer akkurat aufgerichtet werden mußten. Dann das komplizierte Balkenwerk – und schließlich die Lehmwände. Das ganze Dorf half mit, wenn es an diese Arbeit ging, ans Leimen. »Ik schull gröten von uns Bur – un Se muchen morgen freuh een ton Lehmen schicken!« Mit diesem Auftrag zog ein Knecht von Hof zu Hof. Und alle kamen. Weil man sich immer gegenseitig half, aber auch, weil ein solcher Tag nach harter Arbeit auch ein gutes Essen und einen kräftigen Trunk beim abschließenden »Lehmelbier« ver-

Ein Beruf, d
auszusterb
drohte, d
Reet imm
seltener u
teurer wurd
Seit einig
Jahren ab
verricht
wieder landa
landab Re
dachdecker i
mühevoll
Handwer
Gemälde v
Alex Ecken

O Eckener
35

1895 hielt Alex Eckener mit Stift und Pinsel die »Ekensunder Ziegelei« im Bild fest – in einer Zeit, in der Fabrikarbeit noch viel mit Handarbeit einherging

sprach. Die Lehmleute arbeiteten immer zu zweit. Einer war der *Butenleimer,* der andere der *Binnenleimer.* Der eine klebte mit den Händen einen Batzen Lehm an den unteren Lattenfuß – der Binnenleimer klebte einen ebenso großen Klumpen von der anderen Seite dagegen. Dann glichen beide die Klumpen aus und schmierten neue hinzu, bis der Zwischenraum von Ständer zu Ständer ausgefüllt, die Wand dicht und das Fachwerk verschmiert war. Noch heute erzählt man sich auf Fehmarn von der Aalstecherfrau Haberbier, die bis ins hohe Alter zu Pferde auf den Baustellen erschien und mit Kraft und Tempo an die Arbeit ging. Selbst, als sie 65 war, gab es niemanden, der schneller und akkurater arbeitete als sie. Kein Butenleimer war ihr gewachsen. Währenddessen standen *Alt-*

bauern und alte Arbeiter als Klokschieters herum, ließen hier und da ihre Weisheit leuchten, glichen hier und dort Unebenheiten aus und griffen auch mal zu, wo Hilfe nottat. Beim Lehmelbier war dann alle Mühe vergessen. Wenn nach Tagen dann auch der Dachstuhl stand, wurde das *Richelbeer* gefeiert. Die Zimmerleute hatten – im Namen aller Handwerker – das Wort, bevor alle zusammen fröhlich feiern konnten:

. . . Ich stehe hier auf diesem hohen Posten –
das wird dem Bauherrn eine gute Mahlzeit kosten.
Er wird uns jetzt alle dazu bitten und einladen.
Wir essen auch Suppe, Fleischklöße und Rinderbraten,
auch schön was vom Schinken und guten Fisch –
Kuchen auch, daß sich beuget der Tisch.
Auch soll der Bauherre heute Musik bestellen
und schöne Mädchen für die Timmergesellen.
Wenn sie auch nicht alle gerade mehr Jumpfer sein,
werden die Timmerleute auch wohl so zufrieden sein.
Wenn sich aber einer untersteht, dieses nicht mitzumachen,
den wollen wir schlagen, daß ihm die Knochen krachen.
Doch ehe wir uns zu Tische setzen,
will ich an einem Trunk mich letzen. . .

Und dann ließ er alle hochleben. Den Hausherrn und seine Familie, den Baumeister und alle Handwerker, alle Zuschauer und Gäste – bevor er sein leeres Branntweinglas, der Sonne entgegen, in den Bau hineinwarf und zerschellen ließ.
Das Feiern konnte beginnen – danach stand bis zum nächsten Fest, dem *Fensterbier,* erst einmal wieder harte Arbeit auf dem Plan.

Ein Eichhörnchen im Wappen der Stadt Eckernförde soll Zeugnis geben: Dereinst reichten die Wälder in unserem Lande von der Elbe bis zur Schlei. Auch Karten vergangener Jahrhunderte beweisen das. Viele dieser Wälder sind zwei Berufen zum Opfer gefallen: der Köhlerei und den Glashütten. Alle Handwerke der alten Zeiten, die mit Metallen zu tun hatten, brauchten Holzkohle als Brennstoff. Auch in den Haushalten heizte man massenhaft mit Holzkohle, solange moderne Heizungssysteme noch nicht erfunden worden waren. So dezimierten die *Köhler* –

Mit viel Geschick mußte der Köhler ans Werk gehen, um aus dem Holz schleswig-holsteinischer Wälder Holzkohle zu brennen

notgedrungen – bis zur Jahrhundertwende auch in unserem Land den Baumbestand.
Die *Glasmacher* mußten viel zeitiger aufgeben. Nur zwei Jahrhunderte hindurch – etwa von 1570 bis 1760 – gelang es den ältesten holsteinischen Glasmeistern, ihre Hütten mit Holzkohle und Erfolg zu betreiben. Dann gaben sie wegen Holzmangels auf. Nach jahrzehntelanger Pause erst nahmen sich handwerksfremde Unternehmer des so wichtigen Glashüttenwesens wieder an. Sie holten auswärtige Glasmacher ins Land und wichen auf Torf oder Steinkohle als Brennmaterial aus. Zu einer Glashütte gehörten viele Mitarbeiter aus den verschiedensten Berufen. Glasmacher natürlich, aber auch Torfgräber und Zimmerleute, Fuhrmänner und Heizer. Während der Sommermonate kamen in großer Zahl Wanderarbeiter (häufig waren es Monarchen), die zum Stechen und Aufsetzen des Torfes

gebraucht wurden. Eine ganze Reihe von Gütern hielt sich in den vergangenen Jahrhunderten ihre eigenen Glashütten. Bis Glas aus anderen Ländern schließlich billiger importiert werden konnte und die Hütten im Norden zum Aufgeben zwang.

Auch die *Glasmaler* gehörten zu den Glasmachern. *Wie jenes verschwunden ist und kommt wieder, so dieses auch,* steht noch 1843 im Volkslesebuch »Gnomon«. *Vor ein 50 Jahren, darüber, darunter, wurden noch in Kirchen und Häusern gemalte Fensterscheiben gesehen, von einheimischen*

Zwischen Rendsburg und Friedrichstadt lag von 1842 bis 1893 die bekannte Friedrichsholmer Glashütte. Stolz präsentiert sich hier die ganze Stammbelegschaft – Hüttenherr und Glasmeister mit ihren Damen, Heizer und Schürer, Torfgräber, Fuhrmänner und Glasbläser

Glasermeistern verfertigt, in allen Farben, Figuren aller Art darstellend, besonders in einigen Gegenden Familien-Wappen mit Namen und Jahrzahl darunter, den Augen ergötzlich zu sehen und das sich lesen ließ wie eine Chronik des Hauses.
Diese Sitte, bunt bemalte Fensterscheiben auch in Bürgerhäusern einzusetzen oder solche kunstvoll durch Glasschliff verzieren zu lassen, hat uns eine Fülle prächtiger Zeugnisse der Kultur im 18. Jahrhundert beschert. In vielen Museen des Landes sind die bleiverglasten Scheiben zu bewundern.

Arbeit im Torf war hart und nicht sehr beliebt. In den Mooren lebten die Torfstecher oft wochenlang unter härtesten Bedingungen in ihren winzigen Hütten. Im Heimatbuch des Kreises Rendsburg aus dem Jahr 1922 dokumentierte man mit diesen Bildern die sehr unterschiedliche Gewinnung von Backtorf und Stechtorf

Als Produkte aus Metall und Plastik noch unbekannt waren, galten Holzfässer als wichtigstes Verpackungsmaterial. Küfer hatten alle Hände voll zu tun – wie auf diesem Bild aus einem alten Kinderbuch

Ohne Wein und Bier keine Trinker – aber ohne Trinker auch keine Küfer und Faßbinder, wenigstens keine so fidelen, wohlgenährten, mit dem ganzen Gesicht wie ein Vollmond lachenden. Das müssen wir uns doch offen gestehen: wenn wir nicht die lieben Fäßlein zu fertigen und zu erhalten hätten, was wären wir? Arme, häringsseelige Kübelbinder und Küchengeschirrverfertiger mit Jammergesichtern, dürftig wie eine Spitalsuppe. . .

. . . sprach und schrieb vor hundert Jahren einer, der zum Gewerbe der *Küfer* gehörte. Der auch *Küper* oder *Böttcher* oder *Büttner* genannte Handwerker fertigte für die ganze Umgegend Waschbaljen, hölzerne Eimer, Löffel und andere geküferte Waren an. Dabei gab es auch in diesem Gewerbe strenge Unterschiede: *Faßbinder* machten die Fässer, *Kübler*

Rute um Rute mußte der Bandreißer teilen und spalten, ehe er Faßbindern und Böttchern das für die Fässer notwendige Material liefern konnte

die kleinen Kübel, *Schäffler* die Getreidescheffel, *Büttner* die Butten und Eimer. Mancherorts gab es noch weitere Namen und Arbeitsbereiche. Die *Kleingeschirrmacher* arbeiteten mit dem weißen Tannenholz und wurden daher auch *Weißbinder* genannt. Die sogenannten *Großarbeiter* brauchten Eichenholz, das sie durch Säuren und Feuer schwärzten. Eines aber war wohl allen gemeinsam, ein besonders fröhliches Gemüt: *Wie nun die Angehörigen anderer Professionen ihr Handwerkserbtheil haben, so hat auch das ehrbare Küfer- und Böttcherhandwerk ein solches. Solange es Genossen des Gewerkes gibt, wird es sich durch alle Generationen forterben. Dieses Erbteil ist ein frohes, munteres Blut, leichter, freudiger Sinn und Lust am heiteren Leben.*

Wo *Böttcher* und *Faßbinder* arbeiteten, mußte es auch *Bandreißer* geben, die das Material für die Reifen lieferten. Aus den weidenbestandenen Niederungen der Haseldorfer Marsch schnitten sie ihre Weidenzweige, die sie dann für Faßreifen und Körbe zurichteten. Die Kinder der Bandreißer – als Hilfskräfte unentbehrlich – hatten einmal im Jahr sogar Sonderferien. »Stöckebastferien« nannte man die zwei Wochen, in denen der Nachwuchs im Mai helfen mußte, die weiche Rinde von den »Stöckern«, den Zweigen, zu lösen, damit die Väter wieder reichlich Material zum »Reißen« hatten.

Böttcher und Küfer arbeiteten Butter-, Herings-, Wein- und allerlei andere Packfässer. Aber sie sorgten auch für täglichen Hausrat – wie *Drechsler* und *Mollenhauer, Zinngießer* und *Korbmacher, Gold-, Silber-* und *Kupferschmiede, Töpfer* und *Grapengießer* und mancher andere. Häuser und Tische begüterter Familien und die fürstlichen Tafeln füllten sich zeitig mit edlem Porzellan und kostbaren Gerätschaften. Der Hausrat ländlicher und einfacher Familien wurde aus preiswerteren Materialien geschaffen – aus Holz und Horn, Kupfer, Zinn und Eisen. Im 18. Jahrhundert entstanden überall im Lande die Töpfereien deftiger, bäuerlicher Keramik. Prachtvolles kam in Gebrauch, aber so mancher einfache Mann konnte es sich niemals leisten. Deutlicher als alles andere bewies der gedeckte Tisch zu allen Zeiten den Wohlstand des Hauses.

Zinnerne Gegenstände sind erst in unserer Zeit zu reinen Schmuckartikeln geworden. Wie auf diesem Foto stellte der Zinngießer früher viel Hausrat von Hand her

Carl Ludwig Jessen malte dieses liebevoll detaillierte Bild eines Drechslers

Die Nachrichten des Tages und ein Hauch von Romantik folgten mit, wenn der Scherenschleifer durch die Straßen von Heide zog – und auch auf dem Lande sah man ihn gern

Es kam ein fremder Schleifer daher, Schleifer daher,
er schliff die Meßer und die Scher, die Meßer und die Scher.
Schön grün, gelb, weiß und dunkelblau, au, au,
schwarz, schwefelgelb und dunkelgrau.
Er ging und pfiff die Straß' entlang, er ging und pfiff und sang. . .

Ein Kinderlied über ein Original, das einst durch die Straßen zog – den *Scherenschleifer,* wie auch der *Kesselflicker* durch Maschinen überflüssig geworden.

Eine »süße
Last« war die
Beschäftigung
als Gouvernante
für eine
Demoiselle aus
bestem Hause.
Diese hier
hat C. Suhr
1808 mit ihren
Schützlingen
porträtiert

In einer Kieler Zeitung findet sich 1841 eine Anzeige, die Aufschluß gibt über Beschäftigungsmöglichkeiten für höhergestellte junge Mädchen: *Eine Demoiselle wünscht zu Michaelis eine Stelle als Gouvernante in einem guten Hause zu erhalten. Sie unterrichtet in der deutschen, französischen und englischen Sprache, allen möglichen Handarbeiten und im Klavierspielen, in welchem letzteren sie eine große Fertigkeit besitzt.*

Der Heimatforscher Grönhoff belegt durch Anzeigen, was unter Handarbeiten zu verstehen war: ». . . im Stricken, Sticken, Tambourieren, Brodieren, Weiß- und Namensticken, Nähen, Stopfen usw.« hatten die jungen Gouvernanten fähig zu sein. Auch Zeichnen und Malen gehörte zu ihrem Aufgabenbereich. In wohlhabenden Häusern war es üblich, die Kinder von *Ammen, Gouvernanten, Hauslehrerinnen, Französinnen* oder *Gesellschafterinnen* betreuen zu lassen. Dazu nahm man selbstverständlich nur junge Damen aus besten Familien ins Haus. Mit den »niederen«

Was alles zur Arbeit der Haus- und Kindermädchen gehörte, verrät dieses Bild aus dem St.-Annen-Museum in Lübeck – aber auch, wie viele fleißige Hände der Hausfrau und Mutter die Arbeit erleichterten

Mühselig wie alle Hausarbeit war noch zu Großmutters Zeiten auch das Waschen. Waschtage waren Schreckenstage. Da halfen schon die bescheidensten neuen »Maschinen« . . .

Aufgaben der Dienstmädchen hatten sie nichts gemein. Dazu wurden besonders gern Mädchen aus den Dörfern ins Haus geholt.

Wer als Mädchen auf dem Lande Dienst tat, hatte ganz andere Aufgaben als die jungen Damen in der Stadt. Die *Mägde* hatten in Haus und Hof, im Garten und auf dem Feld reichlich zu tun. Auch wenn nach häufig 12 bis 14 Stunden Arbeit der Feierabend gekommen war, ging es noch gemeinsam weiter. Da mußten auf großen Höfen für den nächsten Tag die Kartoffeln geschält, mußte Saatgut aussortiert, Flachs gebrochen werden. Die Mägde mußten spinnen und stopfen, Kleidung ausbessern und flicken. In der Zeit des Einschlachtens wurden die Talglichter für das ganze Jahr gestippt und mit Dochten aus Baumwolle und Flachs gegossen. Man arbeitete, bis man müde wurde – zuweilen noch länger. Aus der Kollmar-Marsch berichtet Bauer Rave über die Zeit der Jahrhundertwende. Oberhalb der Bänke, auf denen die Mägde des Abends saßen, hingen buntbestickte kleine Ohrenkissen, und *wenn man müde wurde, drehte man den Kopf zur Seite und schlief für ein paar Augenblicke mit dem Ohr am Kissen.* Dann ging es zügig weiter mit der Arbeit . . .

Was an abendlichen Arbeiten im Winter für die *Knechte* anfiel, war nicht weniger beachtlich. Auch sie hatten wenig Feierabend, wie Robert Rave aus eigener Erfahrung weiß:

Wenn nach Beendigung des Dreschens Regenwetter war und man nicht auf dem Feld arbeiten konnte, stellten die Männer aus Weidenruten Futterschwingen und muldenförmige Torfkörbe her. Auch drehten sie Schmicken für die langen Peitschen, die sich beim Pferdetreiben, beim Pflügen rasch aufbrauchten und öfters ausgewechselt werden mußten. Außerdem wurde natürlich Reep geschlagen, lange Achterreeps und kurze Vorderreeps. Reeps für die Erntewagen, Taustränge für die Pferde, Ochsenanbinderreeps, Kälberstränge, Pferdehalfter und Zeugleinen für die Wäsche. Die kürzeren Stricke schlug man auf dem Saal, die längeren auf der Deele. Auch wurden die ausgekämmten Mähnen- und Schwanzhaare der Pferde und die Schwanzhaare der Kühe gewaschen und zu Garn, etwa so dick wie Bindegarn gesponnen. Dieses Garn wurde dann mit Hanfgarn zu Pferdehalftern verarbeitet . . .«

Die friesische Hausfrau war früher mit Spinnen und Weben in ausgedehntem Maße beschäftigt. Als Werkstoff kam hauptsächlich Wolle in Betracht, aber auch Flachs und Hanf. Die Hausfleißbeschäftigungen ergaben auf den Inseln mehr als anderswo Erzeugnisse von bleibendem und kunstgewerblichem Wert und für die Bedürfnisse der Kleidung und der Ausstattung. Außer auf die Herstellung von Garn für gestrickte (Strümpfe, Unterjacken, Hosen usw.) und gewebte Stoffe (Web, Leinen, Band usw.)

Seit alters her gehörte das Spinnen zur Hausfleißbeschäftigung der Frauen und Mädchen. Kaum weibliche Wesen – schon gar keine Friesinnen, wie Carl Ludwig Jessen sie hier festgehalten hat –, die nicht das Rad flink zu drehen und den Faden geschickt zu spinnen verstanden . . .

Fast die ganze friesische Stube füllt der große Webstuhl, auf dem nach altem Brauch Schlag um Schlag die Stoffbahn wächst. Handgewebtes meist für den eigenen Bedarf, Linnen und Tücher, schweres Leinen für Kleidung und Vorhänge. Thomas Wolters »Die Weberin«, Schleswig-Holsteinisches Landesmuseum, Schleswig

erstreckte sich die Arbeit des Spinnrades auch auf die Stoffe für Beiderwand-Webereien, für Stuhl- und Bankkissen in Noppentechnik. Und Webekamm, Webstuhl und Knüpfarbeit taten dann ihre Schuldigkeit. Es war der Stolz der Hausfrau, ihren schönen Vorrat an schneeweißem Leinen in Schrank und Koffer aufzustapeln und ihn bei Gelegenheit den Nachbarinnen zu zeigen. Frauen und Mädchen spannen alles, was an Wollen- und Leinenzeug im Hause gebraucht wurde . . .

Wie bei diesem Bericht aus Nordfriesland, war es seit Urzeiten Aufgabe der Frau, den häuslichen Herd zu hüten und die Kleidung zu fertigen. Aus Hanf, Flachs und tierischer Wolle und Haaren wurde hierzulande gesponnen und gewebt. Dort jedoch, wo eine aufwendige Tracht getragen wurde, und in Zeiten des Wohlstandes wurde über den täglichen Bedarf hinaus Luxus mit der Mode getrieben. Dann konnte in den gemütlichen Spinnstuben nicht mehr all' das geschaffen werden, was gewünscht wurde. Handspinnerei und Handweberei wurden zum Gewerbe.
Die *Tuchmacher* von Neumünster arbeiteten nicht mehr nur für die eigenen Landsleute, sondern exportierten ihre Ballen. *Schneider* gingen in Stadt und Land mit der Mode und sorgten für den rechten Schnitt. Fleißige *Näherinnen* setzten Stich vor Stich mit nimmermüden Händen. *Stikkerinnen* und ganze Scharen von *Klöpplerinnen* sorgten für das Besondere. *Posamentierer* und *Perückenmacher, Hutmacher* und *Hutstaffierer, Knopfmacher* und *Buntfütterer* – sie alle und mancher andere versorgten die, für die es wichtig war, mit dem rechten Habit.

Greten Delfs, die im Ersten Weltkrieg Strümpfe für die Soldaten strickte und damit ihre sieben Kinder ernährte, hatte ein bedeutsames Vorbild: Sylter und Föhrer Frauen exportierten vor eineinhalb Jahrhunderten Tausende von wollenen Strümpfen. 1845 waren es nachweislich 4076 Paar, die von Sylt nach Hamburg verkauft wurden. Die sehr sorgfältig gearbeiteten Strümpfe, in die Figuren und Muster hineingestrickt worden waren, erhielten sogar fürstliches Lob. Das Waschen der aus handgesponnener Schafwolle gestrickten Strümpfe geschah vielfach mit abgestandenem Urin. Die Strümpfe wurden locker gestrickt, dann auf dem Walkbrett bearbeitet. Dadurch wurden sie besonders weich und erhielten ein filzartiges Gewebe, das wegen seiner Wärme sehr begehrt war.

Zu denen, die sich um die Kleidung bemühten, gehörten auch die *Färber* und die *Gerber*. Lange, bevor es chemische Mittel gab, verstanden sich die

Einen ganz besonderen Blick hatten Fotografen schon immer. Wie der Dithmarscher Thomas Backens, dem wir getreuliche Dokumente vergangenen Alltagslebens verdanken. Die Strumpfstrickerin Greten Delfs läßt sich – mit der langen Pfeife im Mund – nicht bei ihrer Arbeit stören

Fensterscheiben, die man einst zum Fest des »Fensterbiers« ins noch nicht fertige Haus brachte, sind heute in den Museen des Landes bleiverglaste Zeitdokumente, wie diese Darstellung einer Färberwerkstatt aus dem Jahr 1741. Schleswig-Holsteinisches Landesmuseum, Schleswig

Als in Dithmarschen diese Aufnahme einer »Groß«-Schuhmacherei entstand, konnte man sich selbst und seine modernen Hilfsgeräte so recht ins Bild rücken. Immerhin gab es hier schon einiges, was die Handarbeit erleichterte . .

Färber darauf, Stoffen auf natürlichem Wege neue Farben zu geben. Und auch die *Lohgerber* verwandelten viele Jahrhunderte hindurch die verschiedenartigsten Tierfelle ohne chemische Zusätze in anschmiegsames Leder. *Lederer, Beutler* und *Kürschner* waren begierig, gutes Material zu erhalten. Und natürlich die *Schuster.* Nur auf dem Lande trug man »holten Töffeln«, die vom *Holzschuhmacher* gearbeitet wurden. Häufig zog er von Hof zu Hof und schlug für einen oder mehrere Tage seine Werkstatt im Stall oder auf der Diele auf, bis alle Hofbewohner wieder einmal für lange Zeit versorgt waren. In der Stadt jedoch fertigte der Schuster oder Schuhmacher von Hand die Fußbekleidung aus Leder.

Nicht nur den Bedürfnissen, sondern auch der Mode angepaßt, zumal es immer auch »fliegende« *Stiefelhändler* gab, die von weit her mit neuen Ideen und günstigeren Preisen kamen und den ansässigen Kollegen das Gewerbe schwer machten. Besondes viele Schuhmacher gab es in Preetz. Nicht umsonst heißt es in einem alten Schusterlied:

... Un von Kiel kannst Du gahn na Preetz;
Wenn Du ankummst aber, seggt he, sweetst.
Oole Fräuleins wohnt da in dat Kloster,
Jede drütte Mann da is een Schooster ...

In Barmstedt war Mitte des vorigen Jahrhunderts sogar jeder zweite Erwachsene ein Schuhmachermeister oder -geselle. Dennoch mußte mancher Kunde lange warten, bis er sein Fußzeug gearbeitet oder repariert bekam. Klagte er, so trug ihm der Schusterjunge den Arbeitsplan vor:

Maandag is'n Sünndag sien Broder,
Diensdag goht de Schooster ut Dor,
Mittweken köpt's Leller,
Dünnerstag kommt's weller,
Friedag snied se to,
Sünnabend maokt se Schoh ...

Als Stutenfrau bin ich durch diese Gegend oft gegangen
und habe Brot und Neuigkeiten gern gebracht,
mir ist trotz Schnee und Regen nie der Mut vergangen
und kam doch oft nach Hause erst zur Nacht.
Und bei den Kaffeebällen durfte Trina niemals fehlen,
einst trank ich 36 Tassen dieser edlen Flüssigkeit.
Nie ließ ich mich von Sorg und Nöten quälen,
zu Tanz und Scherz war immer ich bereit ...

Noch heute kennt man in der Wilstermarsch Trina Töllnersch und die Verse über diese *Stutenfrau,* die mit ihrer duftenden Ware zugleich auch die Nachrichten von Haus zu Haus, von Dorf zu Dorf trug. Oft waren es weite Gänge für die *Brotträger* und *Stutenlieseln.* Die Nordseeinseln zum Beispiel, auf denen kein Weizen wuchs, wurden regelmäßig von Austrägern leckerer Backwaren besucht, und in Angeln war es etwas ganz Besonderes, wenn die *Stutendeern* von Zeit zu Zeit duftenden Gewürzstuten, kleine Zwiebäcke und Heißewecken herbeischleppte.

Mit Dracht und Körben zogen sie bis ins hohe Alter von den Städten aufs Land und trugen ihre duftende Ware von Haus zu Haus: Stutenfrauen aus Molfsee (links) und Wilster

Stuten und Störkringel, Löffel und Lumpen, Hühner und Heringe wurden landauf, landab an der Haustür direkt verkauft, die Nachrichten von nebenan und die kleine Weltpolitik gab es gratis dazu. *Händler* und *Landhandwerker* brachten ins Haus, was in Stube, Stall oder Keller fehlte – und manch' Fremdländisches dazu. Die farbenprächtigen Zeichnungen von Christoffer Suhr, die uns in seinem »Ausruf« erhalten geblieben sind, zeigen uns, was die »fliegenden Händler« alles herbeitrugen: Kieler Sprotten und Apfelsinen ebenso wie Möschenkränze, Mausefallen, Zigarren und bunte Bänder und manches andere.

Auf den Märkten der Städte trieben diese *Ausrufer* ihr großes Gewerbe, stimmgewaltige und farbige Figuren in der Menge der Menschen. Geert Seelig beschrieb 1920 in Kiel die *typischen Straßenfiguren, die als Torfbauern, Honighändler, Händler mit Leitern, Eimern und Schaufeln, als sogenannte gedörrte Obstmänner, als Leinenverkäufer, als Ausrufer von Bickbeeren die kleine Stadt mit ihren charakteristischen Trachten und ebensolchen Ausrufen füllten.* Und ein Zeitgenosse hinterließ diese Beobachtung: *Ihre Kehle übertönt den Lärm und das Getöse der Kreuzungen. Ein Fremder kann ihre Ausrufe unmöglich verstehen. Selbst der Einheimische erkennt sie nur durch Übung. Wasserträger, Händlerinnen mit alten Hüten, Schrott- und Kaninchenfellsammler oder die Fischhökerin preisen ihre Ware in einer hohen gellenden Stimmlage an. Alle diese mißtönenden Rufe vereinigen sich zu einem Chor, dessen Klang man sich nicht vorstellen kann, wenn man ihn nicht gehört hat.*

Sein Weg war weit und seine Last zuweilen schwer: Der fliegende Händler mußte sehen, wie er seine Ware an die Frau brachte . . .

Die Katzen wußten am ehesten daß er wieder in der Stadt war der Fischmann mit seiner fü Katzennasen wohlriechende Ware. Und sie wußten auch, daß e für sie immer ein großes Herz und s manchen Heringsschwanz hatte . .

Es gab öffentliche Ausrufer, die etwas mitzuteilen hatten, wozu auch die Glücksgötter und Lotterie-Anbieter gehörten. Es gab viele Verkäufer ländlicher Produkte und viele ambulante Handwerker und Tagelöhner, die ihre Dienste anboten. *Flickschuster, Kesselflicker, Sattler* und andere. Und schließlich Aufkäufer, Sammler und Gaukler, den Mann, der elektrisierte, jenen, der die Zukunft aus den Karten lesen konnte, den Musikanten und den Puppenspieler.

Timm Kröger porträtiert etwas ganz Besonderes:

Auf einem Hof am See verliefen damals die Tage einsam und still. Ein Hausierer mit buntem Kram brachte schon Abwechslung. Der beste und seltenste Genuß war der Guckkastenmann *mit Bildern aus aller Welt. Es entstand eine große Aufregung, als ein solcher Kasten kam. Wie es sich für einen deutschen Guckkasten schickt, zeigt er erst die Fremde. London und*

Mit der Zeit verlieren die besten Bürsten und Schrubber ihre Borsten – so tat der Bürstenhändler gut daran, seine Ware direkt vor die Haustür zu rollen

Paris, Spanien und Italien, er überflog die Alpen und war in der Schweiz und machte schließlich auch Deutschland einen Besuch. Die Walze knarrte oft, und jedesmal warf sie ein anderes Bild vor die Linse. Die Bewohner sahen zahlreiche Städte, und der Vortrag des Meisters floß nebenher. Dann war die Vorstellung zu Ende. Der Kastenmann hatte den geheimnisvollen, eine ganze Welt bergenden Apparat aufgeschnallt und war mit krummem Rücken weitergegangen. . .

Die Bilderfolgen, die es aus vielen Städten unseres Kontinents gibt, sind sämtlich – wie Suhrs »Ausruf« – Spiegelbilder des Alltagslebens. Landhandwerker und Hausierer waren nur außerhalb der städtischen Bannmeilen zugelassen und während der Marktstunden und -wochen. Nach und nach mußten sie alle ihren Nebenerwerb aufgeben. Am längsten hielten sich jene, die Eßbares in die Häuser brachten. Noch zur Jahrhundertwende ging in den großen Städten kaum jemand zum Einholen der täglichen Nahrung aus dem Haus. Der *Milchhöker* kam und die Stutenfrau, der Schlachter und die *Gemüsebäuerin*, das *Kräuterweiblein* und der *Fischhöker*. Und Fremde.

Bis etwa 1902 kam im Spätherbst jeden Jahres ein Händler mit einem Ewer aus Böhmen an, berichtet Robert Rave, *um getrocknete Zwetschgen zu verkaufen. Er trug seine Ware in zwei Körben an einer Dracht. Den einen*

Viele fleißige Hände – Mann, Frau und Kind, alt und jung – schnitzten Löffel und Maße, Schütten und anderes aus weichem, weißem Holz und trugen es der Hausfrau dann direkt ins Haus

Becher und Buddeln, Schuhwichse und gestrickte Knaben-Anzüge, Bratheringe und Lampenöl, Eß- und Seifenwaren – nichts, was ein gut sortierter Höker nicht in seinem Laden verstaute und mit Freundlichkeit an die Kunden von nah und fern verkaufte

ließ er immer draußen stehen und den anderen nahm er mit ins Haus. Als wir aus der Schule kamen, sahen wir gerade, wie der Hund von Nachbar Schmidt sein Hinterbein über den Korb hielt und die Zwetschgen abspülte. Das erzählten wir natürlich zu Hause, und als der Händler zu uns kam, sagte meine Mutter zu ihm: »De wöllt Se uns doch woll nich verköpen, dar hett ja Schmidt sin Hund mang pisst!« Worauf er in aller Ruhe antwortete: »Dat makt doch wirklich nix, dar ward se schön blank na!«

Erst als immer mehr Lebensmittelläden in den Städten und die Höker-Läden auf den Dörfern entstanden, verschwanden die Straßenhändler nach und nach ganz aus dem Straßenbild.

Das war ein Mann mit einem grauen Bart, einer beträchtlichen Grogstimme und einer großen Klingel, der etwa vom Kuhberg her die Vorstadt und die Holstenstraße bis zum Markt und weiter durchwanderte, laut schellend und in den Pausen verkündend: »Güstern abend up de Holstenstrat verloren en grise Frugensperück. Noch god to bruken! Derjenigte welcher kriggt en gode Belohnung in den Krämerladen in der Haßstrat!« Oder: »Hüt Nahmiddag ant Schomakerdor frische gröne Hering!« – so beschreibt Geert Seelig den *Ausrufer*, den er noch in Kiels Straßen bewundert hat, als man Reklame und Mitteilungen noch persönlich ausrufen ließ. Überall im Lande ersetzten die Ausrufer und ihre weiblichen Kollegen die örtlichen Zeitungen und den Nachrichtenfunk.

Verlorenes und Gefundenes, Vergnügtes und Betrübliches, Welt- und Herzbewegendes hatten sie zu verkünden, wenn sie klingelnd durch die Straßen zogen; und jeder fühlte sich angesprochen, wenn er die Klingelfrau oder den Klingelmann das Neueste vom Tage übermitteln hörte

Viehmarkt in Wilster: Aus allen Dörfern strömten die Bauern herbei und boten rund um die Sonnin-Kirche ihre vierbeinige Ware an

Einsam lagen sie da, die Ochsenwege. Aber wenn im Frühjahr die Luft wärmer wurde, dann wurden sie belebt. Große Herden wurden südwärts getrieben, eine folgte der anderen. Die Zöllner hatten hilde Tage und auch in den Krügen gab es viel zu tun. Das Hüh und Ho, Peitschenschläge und kräftige Flüche der Treiber hielten die Herden zusammen. Ihnen folgten in breiten, behäbigen Reisewagen die Händler, die Besitzer der Ochsenherden. Der Ochsenhandel hatte wieder begonnen.

Die uralten Pfade, auf denen sich über Jahrhunderte die großen Herden vom Norden gen Süden bewegten, heißen heute noch Ochsenwege. Schon

Markttag in Lübeck: Aus dem ganzen Umland kamen Händler, Bauern und Fischer, um den Stadtbewohnern im Schatten des Rathauses ihre Waren zu offerieren

um 1200 wurden hierüber alljährlich Tausende von Tieren getrieben. Die Hauptmärkte fanden in Husum und in Itzehoe statt, aber auch in Wedel, Bredstedt, Heide, Elmshorn und anderen Orten. Man kam von weit her, um Handel zu treiben und beendete das gute Geschäft gern mit einem guten Schluck.

Anfang dieses Jahrhunderts erschien in der Itzehoer Zeitung ein langes Gedicht über den Itzehoer Ochsenmarkt, auf dem alljährlich Tausende von Vierbeinern den Besitzer wechselten. Reime, die sicher Klaus Groths »Michelimarkt« in Bredstedt zum Vorbild hatten:

. . . Büst Du opt Ossenmart all wehn?
Dar mußt Du hin, dat mußt Du sehn,
Du muß mal twischen, mang den Schwarm,
Den Minschen- und den Ossenlarm.
Wat weern dar Ossen, Quän un Köh,
Man kikt sick reinweg satt un möd.
Een Spass weert, dar mang rümtogahn
Wat war dor kretelt, snackt un dahn,
Wat wör dar knickert, knausert, queest,
Von Schlachters um son'n fettes Beest.
Von Maschburn um son'n mager Deert,
Un gull dat man son'n twintig Steert –
Wat kneepen se sick bi de Han'n,
Wat keken se sick giftig an,
Wat weert een Flöken un Schandeern.
Dat weer rein ängstlich antohörn.
Man kun wull meenen, dat een nich gut
De Handel weer vörümmer ut.
Man kun'n wull meenen, se wörn sick slagen.
Swups – harrn se wedder sick verdragen,
De Handel weer nu klapp un klar,
Se weern sick eenig up'n Haar.
De Wienkoop stell denn Freeden her,
Man wull dar nich vun schnacken mehr.
Vundag ward allerwegen fiert,
Vundag ward nu mal düchtig swieert. . .

Viehhandel ist für die Bauern im Norden immer eine gute Verdienstquelle gewesen. Wenn auch mit den Jahren die Herden an Größe verloren, wenn auch nach Einzug der Eisenbahn ins Land auf den Ochsenwegen nur noch Zweibeiner wanderten, so wurde doch in den kleinen Städtchen und Flecken bis in unsere Tage noch gehandelt und gefeiert wie eh und je.

Viele Helfer mußten fleißig miteinander zupacken, ehe eine Stellmacherei einen solchen Wagen voller Stolz vorführen konnte

In *Gestellmacher* und *Radmacher* unterteilten sie sich einst, dann wurden sie gemeinsam *Stellmacher.* Aber zu ihnen wiederum gehörten die verschiedensten Handwerker. In ein und derselben Stellmacherei arbeiteten *Radmacher, Kastenmacher, Schmiede* und *Sattler* zusammen, um die verschiedenartigsten Wagen zu bauen. *Wagner* nannte man sie einst auch. War alles fertig, so kam noch der *Lackierer* dazu und sorgte für den letzten Schliff.
Die Stellmacherei war ein blühendes Gewerbe, unentbehrlich in Stadt und Land – bis die ersten Schlepper Gummireifen erhielten und die Autos mit ihren Stahlkarosserien die Prachtwagen und Kutschen ersetzten.

Zu allen Jahreszeiten hatte der Schmied zu tun, als noch Pferdekraft für die Fortbewegung sorgte. »Schmiede im Winter« von Hermann Kauffmann, Kunsthalle zu Kiel

Wenn man zu gewissen Zeiten – so berichtet die Sage – das Ohr auf den großen Struckberg bei Heiligenhafen oder auf den Hügel beim Gut Dollrot legt, dann hört man die Unterirdischen dort die Hämmer in ihrer Schmiede schwingen. Allerlei gute und böse Geister hatten sich »unter Tage« dem Schmiedehandwerk verschworen, so glaubte man, und führten auch dem *Schmied* an Amboß und Esse den starken Arm...

Auch das Schmiedehandwerk drohte brotlos zu werden, als die Stellmacher aufgeben mußten und als die Pferde durch Maschinen-PS ersetzt wurden. Dabei hatten die Schmiede zu allen Zeiten weit mehr gehämmert als nur Wagenreifen und Hufeisen. Die *Grobschmiede* stellten die einfa-

Diese Schmiede – wie Johann Martin Gensler sie 1833 gemalt hat – erscheint geradezu modern. Aber die Arbeit an Esse und Amboß ist früher noch anstrengender gewesen als heute

chen Werkzeuge her. *Hufschmiede* wurden nicht nur aufgesucht, wenn die Pferde neue Eisen brauchten, sie wußten auch allerlei von Krankheiten und Gebrechen und ersetzten so manchen Tierarzt. Es gab *Schiffs-* und *Ankerschmiede, Pfannenschmiede, Zeug-* bzw. *Zirkelschmiede* – Spezialisten für feinstes Werkzeug, feinmechanische Teile und Küchengeräte –, *Sporer, Spengler* oder *Blechschmiede, Messer-* und *Klingenschmiede, Kesselschmiede, Aalenschmiede* und natürlich die *Kunst-, Gold-* und *Silberschmiede.* In ältesten Zeiten gab es auch noch *Panzerschmiede* und *Bartenhauer,* die Hellebarden fertigten, *Büchsen-* und *Waffenschmiede,* Handwerker, die vor allem für das höfische Leben unentbehrlich waren.

In Husums Chroniken lesen wir zum Beispiel: *Die Schmiede, Messer- und Büchsenschmiede sowie die Schwertfeger hatten durch den Verkehr der Adligen im Schloß und für die großen Jagden eine Unmenge Dolche, Messer und Schwerter u. a. herzustellen sowie Harnische und Büchsen auszubessern.* Das war Ende des 16. Jahrhunderts. Hofhaltungen pflegten eigene Schmiedewerkstätten einzurichten – wie sie sich ohnehin ja selbst versorgten: ohne Beispiel für das Leben des normalen Bürgers und Städters. Was dagegen jedermann anging und häufig erfreute, waren die kunstvollen Schmiedearbeiten, die Häuser und Kirchen, Mauern und Türen verschönten. Kunstreich viele Tore und Brunnen, Fenstergitter und Sonnenuhren, Bilegger mit ihren schmuckreichen Ofenplatten und allerlei Hausgerät. *Huf-* und *Kunstschmiede* kommen heute wieder zu Ehren. Wo Maschinellem die Seele fehlt, steht das Handwerkliche wieder hoch im Kurs.

Aus dem Jahr 1796 stammt dieses Fähnchen, das zwei Steinbrücker mit ihrem Werkzeug zeigt. Vermutlich ein Stubenzeichen, heute im St.-Annen-Museum in Lübec

Stein um Stein mußte maßgerecht gesetzt werden, als Stadt- und Landstraßen ihr Pflaster erhielten. Ganze Heerscharen hämmernder Hände waren dazu nötig. Diese Pflasterkolonne wurde Anfang dieses Jahrhunderts in Heide fotografiert

Das Herz und Rippen Zermalmendste in der Welt ist unstreitig der Weg von Hamburg nach Lübeck. Die beiden Schwestern möchten sich gern die Hand bieten. Aber die dänische Regierung, die für Kiel fürchtet, hat einen entsetzlichen Steindamm zwischen beide Städte gelegt, der wie ein kleines künstlich zusammengetragenes Felsenmeer sich dem Auge darbietet und nur von Reisenden, die sich eines festen Körperbaues erfreuen, befahren werden kann. Diese Straße macht sich wie ein neckischer Kobold über die deutsche Einheit lustig, die sich hier in Holstein, Lübeck und Hamburg spaltet und es nicht einmal zu einer fahrbaren Straße bringen kann. Die dänische Regierung läßt sich überdies noch ein Wegegeld für die Felsenmasse zahlen, für diesen steinigen Hohn, mit welchem sie Lübeck verlacht.

Reiseskizzen aus dem Jahr 1836. Es war durchaus nicht immer ein Vergnügen zu reisen. Nicht durchs Land, wo erst nach und nach befestigte Straßen entstanden – die offensichtlich auch nicht jedermann erfreuten –, nicht durch die Städte, die erst langsam Pflasterstraßen erhielten. Als erst einmal *Steinsetzer, Steinbrücker, Steinpflasterer* begonnen hatten, auf obrigkeitliche Anordnung hin Ordnung ins Wegenetz zu bringen, glaubte sich so mancher zwar fortschrittlich, – aber was schließlich an Holpersteinen unter Füßen und Rädern lag, reichte immer noch, jeden Schritt und jede Fahrt beschwerlich zu machen. Erst in den achtziger Jahren begannen Einfallsreiche dann damit, in Städten gradlinig behauene Kopfsteine pflastern zu lassen. Ganze Pflasterkolonnen sorgten für handverlegte Bequemlichkeit.

Das Reisen in früheren Jahrhunderten war nicht gerade eine angenehme Angelegenheit. Und wenn auch nicht jeder Reisende vor Antritt seiner Reise das Abendmahl genommen oder sein Testament gemacht haben wird, so war doch das Reisen immerhin mit Gefahren – z. B. mit dem Umwerfen des Reisewagens – verbunden. Darum gehörte der Beruf eines Fuhrmannes nicht zu den leichtesten und bequemsten. Zu jeder Tages- und Nachtzeit, bei jedem Wind und Wetter mußte er fahren, sich nachts oft mühsam mit der Laterne in der Hand einen Weg durch den Morast suchen. Es ist darum zu verstehen, daß die Fuhrleute oft nicht zu den freundlichsten Menschen gehörten und im Fluchen und Schimpfen wahre Meister waren.

Ob mit Korbwagen oder Karossen, Chaise oder leichten Carriolen, mit Pracht- oder Pferdewagen – alle Fahrten waren unbequem. Und nicht nur die *Fuhrleute* selbst übten sich wohl in fröhlichem Fluchen und Schelten – obrigkeitliche Bestimmungen untersagten ausdrücklich, daß »die Fuhrleute nicht mit Schelten und Schlägen zu tractiren« seien. . .
Die Geschichte des Transportes von Menschen, Gut und Geld steckt voller Geschichtchen. Zuweilen tragischen. Denn niemals war sicher, daß das ankam, was auf die Reise gebracht worden war. Viele Hanse-Kaufleute scheuten die bewährte Straße Hamburg – Lübeck, weil der böse Ruf der holsteinischen Frachtfuhrleute ihnen – mit Recht – Furcht einflößte. Die Fuhrleute raubten sich sogar selber aus. Von »räuberischem Gesindel«, das Warentransporte überfallen hatte, wird dagegen auch anderswo berichtet. Sicherheitshalber fuhr man daher im Geleitzug:

Von den Schönheiten Ratzeburgs mag er wohl wenig gesehen haben, der Fuhrmann, der mit schwerer Fracht auf die Reise ging

Ein Zug von mehreren mit acht bis zehn Pferden bespannten Frachtwagen bot einen prachtvollen Anblick. Die Pferde zogen fast alle im Kummet. Pferde und Geschirr, das die Neumünsteraner doppelt besaßen, waren mit vielen messingenen Schildern und roten Lappen geschmückt. Ein guter Fuhrmann leitete nur mit Winken und Klatschen mit der Peitsche seine Pferde. Von seinem Sattelpferde aus regierte er seine Hauspferde und hatte gleichzeitig den Vorspann im Auge.

Man muß sich dabei vorstellen, daß so mancher *Rollfuhrmann* hauptberuflich Bauer war. Die Pferde mußten erst aus dem Pflug oder Göpel geholt werden, wenn zu einer Fahrt gepfiffen wurde. Mancher Passagier saß auf einem Wagen, auf dem eben noch Korn vom Feld eingefahren worden

war, und mancher Pferdehalter und Fuhrmann hatte Mühe, beim Vorläufer des TÜV, den regelmäßigen Pferd- und Wagen-Kontrollen, ausreichend abzuschneiden.
Neben den Fuhrleuten gab es viele, die mit dem Transport von Mensch und Ware beschäftigt waren. Und da vieles Vertrauenssache war, konnte nicht jeder jedes tun. Über einen, der sich beworben hatte als *Wagenmeister,* liest man das Positive, Bemerkenswerte:. . . *er werde nicht das sonst à l'ordinaire bei den Wagenmeistern und Litzenbrüdern vermachte donum Imputentia an sich haben* – womit die Gabe der Unverschämtheit, Schamlosigkeit gemeint war – *und den Reisenden mit Höflichkeit begegnen. . .* *Litzenbrüder* waren früheren Generationen das, was uns heute Gepäckträger sind. Sie sorgten sich um Reisegepäck und Frachtgüter. Da ihre

»Hesst Du'n Litz?« fragt man im Plattdeutschen nach einem Auftrag. Eine Redewendung, abgeleitet von dem Beruf der Litzenbrüder, die sich Reisenden, Fuhr- und Kaufleuten als Träger anboten

Ein fast vergessenes Verkehrsmittel: die »fortschrittliche« Pferde-Tram am Wall in Kiel. Holzschnitt von 1888, Landesbibliothek, Kiel

Frachtballen mit Litzen transportiert wurden, erhielten sie ihren auffallenden Namen. Arbeitskollegen waren die *Überfahrer* und *Sandfahrer,* die *Ballastfahrer* und *Mühlenbootfahrer, Miet-* und *Tor-* und *Reihe-* und *Frachtfahrer* und viele andere. Vor allem *Botengänger* jeder Art. Viele Kinder übernahmen dabei in Handels- und Seestädten früh sehr anstrengende Arbeit, um daheim Not lindern zu helfen.

Am Morgen früh des folgenden Tages fuhren wir nach Emmerleff und ins seichte Haff hinaus, bis wir, als das Wasser eben in den Wagen und uns um die Füße strich, das Fährschiff erreichten und an Bord desselben stiegen. Es schien dem Fremden diese Art der Beförderung ins Wasser und die be-

schränkten Verhältnisse des Fährschiffes nicht bloß neu, sondern sehr unvollkommen und keineswegs empfehlend für reisende und verwöhnte Damen zu sein . . .

Der Sylt-Chronist Hansen begleitete 1860 einen Urlauber zur Insel Sylt . . . Der Weg von und zu dieser – und allen anderen Inseln vor der Nordsee- und Ostseeküste – war für manchen Insulaner lebenslang unpassierbar, für manchen Besucher mit enormen Erlebnissen verbunden. Doch auch im Lande mußte man häufig auf die Zuverlässigkeit des *Fährmannes* vertrauen, um ans andere Ufer zu gelangen.

Hol über!« – Meist mit
luskelkraft mußte der
ährmann die Verbindung
um anderen Ufer halten

1790 entstand diese Aquatinta-Radierung von Heinrich Grosch, ein Blatt aus der Reihe »Canalgegenden«. Die Brücke ist hochgezogen, der Schiffer schleust seinen Kahn durch die Enge. Landesbibliothek, Kiel

Es wird nicht unbekannt sein, daß die Post in ihrer Entstehung mehrfach der Küchen- und Stallverwaltung der fürstlichen Herren anvertraut war und daß die Küchen- und Stallknechte die ersten Officialen des Postdienstes waren. Von der außerordentlichen Wichtigkeit und Bedeutung, welche das Postwesen in unserer Zeit erlangt hat, war aber auch ein ganzes Jahrhundert später noch kaum eine Ahnung. Und die Leistungen waren selbst zu Anfang dieses Jahrhunderts, wenigstens hier zu Lande, so gering wie die Anforderungen, welche man an diejenigen stellte, die mit dem Dienst beauftragt wurden. So entrüstete man sich noch 1864 in einer Kieler Zeitung und behauptete empört: *Zum Postbeamten glaubt sich jeder verwendbar, der sonst für kein anderes öffentliches Amt fähig ist, und schlimmer noch, die Regierung scheint derselben Ansicht gehuldigt zu haben.*

Dabei konnte das Postwesen im Norden zu diesem Zeitpunkt bereits ein respektables Alter und manchen Fortschritt nachweisen. Es war durchaus »modern« geworden und der Zeit der Postkutschenromantik entwachsen. Die ersten *Postboten* im Lande auf festgelegten Routen hatte es schon seit Beginn des 17. Jahrhunderts gegeben. Aber sie beförderten weder Reisende noch Güter. 1624 änderte sich das durch ein neues System des Nachrichten-, Reise- und Warenverkehrs. Da wurden sogar Reisegeschwindigkeiten amtlich geordnet, jeder Bürger des Landes der Hilfeleistung gegenüber den Postleuten verpflichtet, die Poststationen reglementiert. Dort sollten Reisende beköstigt und beherbergt, Ladungen untergebracht, Pferde gewechselt werden. Das ganze Land war durchzogen von einem Routen-Netz.

Die weiteren Jahrzehnte und Jahrhunderte brachten manchen Wandel und Fortschritt. Nach und nach löste im 18. Jahrhundert der Postwagen das alte Personenfuhrwerk ab. 1832 konnte man stolz berichten, daß die neue Chaussee zwischen Altona und Kiel die Fahrtdauer um die Hälfte herabgesetzt habe. Man braucht nur noch stolze 10 Stunden für die Strekke.

Seit Mitte des 19. Jahrhunderts lösten dann immer mehr Dampfrösser die Postpferde ab – das Zeitalter der Technik überrollte auch die *Postillione* und die gelben Karriolen und überzog mit einem Hauch von Romantik, was sicher gar nicht immer nur gemütvoll gewesen war.

Um 1800 ritten noch solche königlich-dänischen Postillione durch die norddeutschen Lande. Kunstvoll verzierte Schilder schmückten damals die Posthäuser, die auch Reisenden Herberge boten

Dereinst hatte jede Hafenstadt im Norden ihre Holzschiffswerft. Dieser Schiffsbauplatz an der Obertrave in Lübeck wurde 1812 von P. Benoist in Kupfer gestochen

Wenn einst auf der Wewelsflether Werft ein Schiff zum Aufwinden fertig war, dann mußte der ganze Ort mithelfen. Ein Lehrling der Werft wurde von Haus zu Haus geschickt, um zum »Schippobwinnen bi Peters« aufzurufen. Bei größeren Schiffen zog sogar der Nachtwächter über die Dörfer und warb Knechte auf den Höfen an. Solange es noch keine Dampfspille oder elektrische Winden gab, mußten bei großen Schiffen bis zu 25 Mann ihre Törns um die Gangspille drehen, bis das Schiff hoch genug auf der Helling saß. Wie so mancher noch berichten kann, halfen Gesang, Köm und Störkringel beim Hochhieven. . .

Zu den wichtigsten Handwerkern beim Holzschiffbau gehörte seit jeher der Blockmacher, der sämtliche Blöcke für die Takelage von Hand arbeiten mußte

In der Zeit der hölzernen Segelschiffe gab es im Lande gut zwei Dutzend Orte, in denen Werften den Holzschiffbau betrieben. Die Ewer und Eiderschniggen, die Galeassen und Galioten, Prahme und Tjalken, Kuffen, Bojer und Jollen wurden sämtlich von Hand gefertigt. Auch die größeren, die Schoner, Briggen, Schnauen, Barken, Fregatten und manche andere Mischform.

Schiffbauersarbeit war Knochenarbeit. Besonders, wenn wochenlang die Baumsäge auf- und abgezogen werden mußte, um die dicken Eichenstämme in dreizöllige Planken zu zersägen oder wenn die Schiffskiele aus den riesigen Stämmen geschnitten werden mußten. Die *Schiffszimmerer*, die *Block*- und *Pumpenmacher*, die *Segelmacher* und *Reepschläger* – sie alle gehörten neben vielen zu den Handwerksleuten, die beim Schiffbau beteiligt waren. Spezialisten unter den Schiffszimmerleuten waren jene, die die mächtigen Walfangschaluppen bauten – gewaltige Fahrzeuge, die so lange gute Dienste taten, bis Dampfer sie als Fangfahrzeuge ablösten und Geschützharpunen den Walfang modernisierten. Mit der Umstellung auf den Eisenschiffbau änderte sich das Bild der Werften grundlegend.

Sie posieren vor derselben Kulisse im Atelier Ingwersen auf Föhr: der Schiffszimmermann und der Segelmacher. So gestellt sie auch sein mögen, diese Aufnahmen zeigen dennoch das wesentliche Handwerkszeug – und den Stolz der beiden auf ihre Tätigkeiten

Stolz auf seinen Stand muß er gewesen sein, der 1690 geborene Reepschläger Broder Karstens, als er für sich und seine Frau diesen Grabstein meißeln ließ; denn sonst schmückten fast nur Seefahrer ihre Stelen

Wer in dem Lauf-Bahn dieser Welt
sich recht verhält
Erlanget dort die Kron in jenem Himmelszelt

Diese Worte schmücken den Grabstein des Föhrer *Reepschlägers* Broder Karstens und seiner Ehefrau Tringke. Ein Grabstein, der außerdem den Meister bei der Arbeit zeigt und so der Nachwelt einen Beruf vergegenwärtigt, der nur namentlich überlebt hat.
Reepschläger und *Seiler* waren es, die einst für die in allen Lebensbereichen notwendigen Fäden, Bänder, Seile und Taue sorgten. Häufig werden beide Handwerke gleichgesetzt. Aber bei Johann Grönhoff ist nachzulesen, wie sehr sich doch Reepschläger und Seiler unterschieden:

Der Reeper arbeitete in den Hafenstädten, spann die Fäden mit der rechten Hand und schlug die Seile und das Garn nach links. Der Seiler war Landstädter, arbeitete auf der linken Hand und drehte die Seile nach rechts zusammen. . .

Vor den Toren Flensburgs lag die »Landtsche Reepschlägerbahn«, die F. W. Otte aquarelliert hat – ein durch Generationen erfolgreicher Familienbetrieb, bis die Industrialisierung auch dem Seilerhandwerk die Arbeit aus der Hand nahm. Städtisches Museum, Flensburg

Reepschläger also gehörten vor allem zum Schiffbau. Sie sorgten für die notwendigen Taue, die sie mühevoll von Hand spinnen mußten, bis schließlich Göpel die Arbeit erleichterten, bis auch hier die Maschinen die Handarbeit ganz ersetzten. Außerhalb der Ortschaften lagen die schmalen, bis zu 50 Meter langen Reeperbahnen und Seilerbahnen. Bei gutem Wetter sah man den Spinner, Werg oder Flachs oder Hanf um Bauch oder Oberschenkel gebunden, Stunde um Stunde im Rückwärtsgehen sein Reep spinnen und schlagen.
Straßen- und Familiennamen künden heute noch von Reepern und Seilern – und die plattdeutsche Redensart: *alleen de Kref un de Reepers de löpen trüchwärts. . .*

»Heimkehr der Probsteier Fischer« nannte Hermann Kauffmann 1837 sein Ölgemälde, das wohl am Strand vor Möltenort entstanden ist. Die ganze Familie half, wenn die Männer heimkehrten. Hamburger Kunsthalle

Es wurde geisterhaft lebendig in dem stillen Winkel, wenn um die Stunde der Abfahrt im nächtlichen Dunkel am ganzen Strand entlang die Fischer auf ihren Karren die Netze an die Brückenstege fuhren, um sie dann mittels kleiner Jollen oder der gebräuchlichen Einbäumekähne in die auf dem Strom liegenden Quasen zu befördern. Fast unter völligem Schweigen wurden auf der ganzen Linie auf diesen seetüchtigen Fahrzeugen die immer braun gefärbten Segel gesetzt und das Tau losgeworfen, und dann ging es unter frischem Winde hinein in die dunkle Nacht auf das weite Meer. Wenn aber Windstille sich über das Wasser legte, dann mußte die eigene Körperkraft zur Fortbewegung des Bootes eingesetzt werden. Dann setzte sich jeder der vier Fischer schweigsam an seinen Riemen und schlug ihn in immer gleichem Rhythmus in das Wasser, bis nach langen Stunden schweren »Puhlens« das Netz erreicht war. Fast so gleichmäßig wie sie zur Ausfahrt ausgerückt waren, liefen die Fahrzeuge auch nach Erledigung ihrer Arbeit wieder in den Hafen ein.

So sah es bis zur Jahrhundertwende im Ellerbeker Hafen an der Kieler Förde aus, wenn die Männer ihrer Arbeit nachgingen. Bei den vielen *Fischern,* die am Küstensaum des Landes hausten oder an Seen und Flüssen lebten, ging es ganz ähnlich zu. Die Männer sorgten für den frischen Fang, und alle Angehörigen mußten mitmachen beim Säubern und Sortieren, beim Räuchern und Verkaufen, beim Flicken der Netze und Herrichten der Schiffe.

Aus Zinnblech geschnitten und meisterhaft graviert ist dieses Amtsschild der Wakenitz-fischergesellen von 1804 – Insignum der Eigenständigkeit einer Zunft, deren es in und um Lübeck viele gab. St.-Annen-Museum, Lübeck

Das Räuchern der Bücklinge
Ellerbeck«. Szene aus
nem alten Fischerdorf
or den Toren Kiels,
as der Entwicklung und
usdehnung der Stadt hat
eichen müssen. Holzschnitt,
chleswig-Holsteinisches
andesmuseum, Schleswig

Wann immer die Rückkehr der Fischer erfolgte, ob in den frühen oder späten Stunden des Nachmittags, jedesmal zeichnete die sich an sie anschließende Bearbeitung der Netze an den Strand in seiner gesamten Länge ein malerisches Bild. Nirgendwo kam das alle umspannende Gemeinschaftsgefühl der gesamten Bevölkerung einprägsamer zum Ausdruck als in diesen Stunden, wo an dem ganzen Strand entlang gleichzeitig alle Fischerfamilien ihre Angehörigen beiderlei Geschlechts von den Großeltern her über Vater und Mutter bis zum letzten heranwachsenden Kind in die Berufsarbeit einspannten. Ob glühender Sonnenbrand über der Landschaft lag, ob der

Sturm von Westen, Norden oder Osten pfiff, ob schwerverhangene Regenwolken ihre Ströme niedergossen, hier gab es kein Weichen und kein Verstecken, hier standen harte, pflichtbewußte Menschen im Dienste unerschütterlicher Berufsaufgaben. So unbehaglich und unwirklich an solchen Tagen die Arbeit des Nettophängens, des Schietpukens und des Nettbökens war, so konnte sie auch zu einem fließenden Quell echter Fröhlichkeit werden und wurde es immer, wenn der Himmel sich in den Dienst der Sache stellte und Land und Leute mit seinem Segen überschüttete. Dann wurde zwischen der Arbeit gelacht und gesungen, dann flogen Späße und Scherze hinüber und herüber, dann wurde der Beruf zur Erholung, dann merkte man nicht, wie die Zeit dahinrann, dann geboten nicht Stunde und Glokkenschlag dem Schaffen Einhalt, dann dachte man an Ausscheiden erst, wenn der Tag sein Licht einzog. Während zu Mitternacht der Mann zu neuer Fangarbeit ausgerückt war, lag der Absatz der erbeuteten Ware am anderen Morgen allein der Frau ob. In Einbäumekähnen, die bei günstigem Winde durch ein Sprietsegel, im übrigen durch Ruder in Bewegung gebracht wurden, wurden die Goldbutt, die man in schiffsförmigen Hütfässern hinterherschleppte, an den Kieler Markt gebracht und dort im Einzelhandel abgesetzt, soweit sie nicht von ständigen Kunden bestellt und dann ins Haus gebracht wurden.

um Netze-
icken hat
sich in
e Stube
rückgezogen,
r alte
Netzemacher«
n Chr. Heyden
f Föhr.
ine Gedanken
hen dabei
herlich
eit hinaus
f See . . .
iesen-
useum, Wyk

Ob es die Probsteier Fischer waren oder die Schlutuper, die Gothmunder oder die Wakenitz-Fischer, die Treene- oder die Heringsfischer an der Schlei – allen war reichlich Arbeit beschert, die nur mit der ganzen Familie bewältigt werden konnte. Alle aber hatten auch Sinn für Fest und Spiel. Und so sind vor allem von den Fischerfesten, den Gildekösten und Högen fröhliche Berichte erhalten. Manche Sitten und Gebräuche hat man sogar bis in unsere Zeit hinübergerettet – oder wiederbelebt.

Die Porrenfänger gehen mit der Glipp zur Ebbezeit so tief als möglich ins Wasser und schieben sie vor sich her. So lautet ein Bericht aus Schobüll aus dem Jahr 1799. Die »Gliep« – ein in einen dreieckigen, rechteckigen oder runden Rahmen gespanntes, sackartiges Netz mit langem Stiel – wurde zum Aal- oder Krabbenfang gebraucht. Vor allem Frauen fingen damit die »Porren«, wie man die kleinen grauen Garnelen an der Norseeküste auch nennt, und verdienten Geld für ihre Familien. Neben den Fischen diente aber auch noch anderes Meergetier dazu, nicht nur hungrige Mäuler zu stopfen, sondern ganze Familien zu ernähren: Generationen hindurch war die Miesmuschelzucht und -fischerei ein lukrativer Erwerbs-

»Küstenfischer mit der Gliep« – wie auf diesem Gemälde aus dem Dithmarscher Landesmuseum in Meldorf – sind heute selten geworden

zweig. Die Fischer verkauften ihren Fang nicht nur in der Heimat: Handelsfirmen übernahmen im vergangenen Jahrhundert sogar den Versand in Tonnen weit über Hamburg hinaus, bevorzugt nach Prag und Ungarn. Exportiert in Mengen wurden auch die Austern, die Jahrhunderte hindurch vor allem an den nordischen Fürstenhöfen ihre besten Abnehmer fanden und von diesen auch als delikate Geschenke in reicher Zahl in alle Welt versandt wurden.

Für Straßenpflaster und Molen, Dämme und Wälle, Hausfundamente und sogar Mühlensteine schafften sie die dicken Brocken herbei, die sie vom Meeresgrund »fischten«: die *Steinfischer,* auch *Steinzanger* genannt. Dabei war das wichtigste Gerät der Steinfischer eine Zangenkonstruktion, die an moderne Zuckerzangen erinnert. Mollensteine aus Schonen fand man an der ganzen Ostseeküste verbaut. Besonders, als die Pflasterung der Städte und Straßen intensiviert wurde und einheimische Feldsteine nicht mehr in genügender Zahl herbeigeschafft werden konnten, hatten die Steinfischer alle Zangen voll zu tun.

Schwere Last müssen die Zangen der Steinfischer greifen und hochhieven. Auch heute noch wird die steinerne Ware vom Meeresgrund »gefischt«

Kein Deichgraf ist so berühmt geworden wie Theodor Storms »Schimmelreiter« Hauke Haien – und keiner hat so oft wie er zur Darstellung gereizt. So auch den Maler Alex Eckener, der die Storm-Novelle illustriert hat (Flensburg, 1971)

Solange er und seine 20 *Deichgrafen* im Amt seien, versicherte um die Jahrhundertwende der Deichhauptmann Schröder in Krempe, so lange bestünde keine Gefahr für die Deiche. Die erste Vorflut würden sie ohne Mühe wegsaufen, und dann könne es mit der Nachflut wohl nicht so schlimm mehr werden. Alte Leute erinnern sich in der Krempermarsch noch gern an den trinkfesten Deichhauptmann. Als 1962 die große Sturmflut über unser Land hereinbrach, meinte mancher: Wenn Schröder

noch am Leben und im Amt gewesen wäre, dann wäre es mit der Flut sicher nicht so schlimm geworden.
Deichgrafen hatten zu allen Zeiten trinkfeste Leute zu sein. 1880, so schreibt zum Beispiel Robert Rave, habe man den Bauern Wulf zum Deichgrafen vorgeschlagen. Aber das sei auf Widerspruch gestoßen. Wulf sei ja ein ordentlicher Mann und Bauer – aber zum Deichgrafen tauge er nicht, denn »he kann nich supen«. Im Protokoll ist heute noch nachzulesen, daß daraufhin ein anderer, trinkfesterer, Deichgraf wurde – und traditionsgemäß mit einem Zug den einen Liter umfassenden Zinnpokal der Deichgenossenschaft ausleerte. Wie jeder neugewählte Deichgraf vor und nach ihm. Wein, Bier oder Sekt standen dabei zur Wahl – aber ausgetrunken werden mußte. . . .
Die Aufgabe des Deichgrafen bestand nun aber zu keiner Zeit allein darin, sein Stehvermögen unter Beweis zu stellen. Wichtiger und wesentlicher war es, die Deiche instandzusetzen und sicher zu halten. Zu allen Zeiten waren die Marschenbewohner von keiner Macht der Erde so abhängig wie vom Meer, das hinter den Deichen lauerte. Seit dem 10. Jahrhundert wurden – wie der Kartograph und Landmesser Danckwerth berichtet – die ersten Deichbauten planmäßig angelegt. Aber jahrhundertelang war jede neue Sturmflut wieder ein zerstörerischer Lehrmeister. Denken wir nur an Theodor Storms Novelle vom »Schimmelreiter« Hauke Haien: Sachkundig wie kein anderer erledigte er alle Arbeiten eines Deichgrafen und entwickelte neue Deichprofile, die dem blanken Hans trotzen sollten. Bis dieser auch Hauke Haien samt Weib und Kind verschlang und in die Tiefe riß.

Fall Fall! Öwerall! war der Zauberruf der Grönlandfahrer, war ihr Fang- und Alarmruf. Der schlug kräftiger ins Blut als Donnerschlag und Feuerhorn. Wie man stand und lag, mitten aus dem Gottesdienst, vom Essen, aus der Koje, stürzte man in die Schaluppen. . . So beginnt die berühmte Walfang-Forscherin Wanda Oesau ihr monumentales Werk über »Schleswig-Holsteins Grönlandfahrt«.
Seit 1642 beteiligten sich deutsche *Walfänger* bei der Jagd auf den Grönlandwal. Dabei schleuderte der Harpunier von einer Schaluppe aus die Handharpune in den Speck und tötete das Tier anschließend mit der Lanze. Der vom *Speckschneider* geflenste Speck wurde in Fässer gefüllt und auf dem Festland später in Tranbrennereien ausgebraten. Die Barten des Wals verwendete man für Mieder- und Schirmversteifungen. Waren Grönlandwale und Potwale mit Handharpunen zu jagen, so bedurfte es

Walfang war für Generationen friesischer Männer der ganze Lebensinhalt. Kein Wunder also, daß es auf den Nordfriesischen Inseln alle nur denkbaren Walfang-Darstellungen gibt. Dieses manganfarbene Fliesen-Tableau aus Wrixum hängt heute im Friesen-Museum in Wyk

bei Blau- und Finnwalfang schnellerer Schiffe und Harpunen. Erst als der Walfang vom Dampfschiff aus betrieben wurde und Geschützharpunen entwickelt worden waren, konnte man dann auch diese Walarten erlegen. Wanda Oesau hat auch Berichte alter Grönlandfahrer gesammelt. Plastisch ist dargestellt, wie der Kampf gegen den Wal vor sich ging:

Hochaufgerichtet, die Harpune in der Hand, steht der Harpunier im Boot. Wenn er kann, wirfft er den Wallfisch mit der Harpunen hinter das Blaseloch oder in das dicke Speck. Sobald der Fisch die Harpune im Leibe empfindet, so laufft er wie ein Pfeil niederwerts. . . Es ist ein langer Kampf, den der Wal um sein Leben führt, bis er ermattet im Wasser liegt. Oft müssen mehrere Schaluppen helfen, ein einziges Tier zu bändigen. Und mancher Walfänger samt Schaluppe ist auch von dem verletzten Tier mit in die Tiefe gerissen worden. Immer von neuem stoßen die Harpuniere dem Wal die Lanzen, wenn möglich hinter den Finnen etwas vorwärts in Herz und Lunge hinein. Sein brennend heißes Blut überströmt die Menschen und füllet die Schaluppen, wenn sie nicht ausweichen. . . Wenn der Fisch todt ist, kentert oder drehet er sich offtmals um und treibet also mit dem Bauch oben. Sobald man dieses siehet, höret man aus allen Chaloupen ein großes Geschrei und Jauchzen, da sie mit der Mütze über den Kopf einander winken, schreien und rufen: Glück dem Commandeur, Glück zum Fische. Worauf der Commandeur antwortet: Auch euch. So allzumal tapfern Männer. . .

»Hamburger Walfänger in der Arktis« heißt dieses Ölgemälde von 1685 – ein Bild, das die verschiedenen Tätigkeiten des Walfangs erkennen läßt: das Harpunieren (vorn links), das schwierige Einkreisen der getroffenen Beute (in der Mitte), das Flensen des Specks vom längsseits liegenden Wal (rechts). Altonaer Museum, Hamburg

Liegt der Fisch längsseits des Mutterschiffes, so wird er abgespeckt. Flensen nennt man das. Der Speckschneider tritt auf den Fisch hinaus mit seinen Gehilfen. Mit großen Messern lösen die Leute das zuweilen 1 1/2 Fuß dicke Speck in großen Stücken vom Fleische ab. Mit großen Speckhaken werden diese Stücke ins Schiff hinaufgewunden. Dort werden die großen Klumpen zerschnitten und in Fässer gefüllt.

Ein ausgewachsener grönländischer Wal ist 18 bis 22 Meter lang, an der dicksten Stelle hat er einen Umfang von 11 bis 15 Metern, er wiegt bis zu 3000 Zentner. Das Wichtigste: Schon ein mittelgroßer Wal liefert etwa 170 Hektoliter Tran.
Je mehr mit den Jahren der Walreichtum der Meere abnahm, desto größer wurde die Bedeutung des Robbenschlags. Wenn die *Grönlandfahrer* in ein Robbenlager gerieten, schlugen sie an manchem Tag einige Tausend Robben. In wenigen Tagen waren die Schiffe vollgeladen und fertig für die Heimfahrt. Die Robben wurden an Bord abgespeckt. Die Felle verstaute man – mit Seesalz eingerieben – zwischen den gefüllten Fässern.

Schiff und Mannschaft glitzern im Tran, schildert einer, der dabei war. *Bei lustigem Geschwätz, derben Späßen und heiteren Gesängen geht die schmierige Arbeit flott vonstatten. Die Stimmung erreicht ihren Höhepunkt, wenn der Kajütwächter auf Befehl des Kommandeurs mit der Kruke erscheint, aus der er jedem ein Blechnäpfchen voll Branntwein kredenzt.*

Gelegentlich fing man auf diesen Reisen auch Walroß und Eisbär. Sie erschienen immer da, wo Walfänger und Robbenschläger am Werk waren, und stürzten sich hungrig auf die für sie leckeren Reste. Von den Zeiten des Walfangs künden auf den Friedhöfen der nordfriesischen Inseln seit Generationen die stolzen Stelen der Kommandeure. Allen voran der Grabstein des »glücklichen Matthias«, auf dem geschrieben steht: *Der Schiffahrt nach Grönland ehemals sehr kundig, wo er durch unglaublichen Erfolg 373 Walfische gefangen, so daß er nach dem Urtheil aller den Namen »der Glückliche« erlangte.* Der erfolgreichste Walfänger aller Zeiten lebte von 1632 bis 1706.

Wie im Triump reitet er noch nach dem Tode auf seiner Beute – der Speckschneider Ocke Hagen auf einem Wal. Das Föhrer Grabkreuz steht heute im Museum in Wyk

Wie die Stellen auf den Friesen-Friedhöfen sind die Walknochen-Tore vor ihren Häuser und Museen Relikte, jahrhundertealte Zeugen der Zeiten des Walfangs. Auf den Inseln – und auch in den Marschen – waren Holz und Steine knapp. Und die Walknochen waren trotz ihrer Porösität außerordentlich haltbar. So bargen die Grönlandfahrer neben Speck und Barten ihrer mächtigen Beute auch die riesigen Knochen. Die schönsten der meterlangen Kinnbackenknochen grub man paarweise als überdimensionale Tore ein. Andere Knochen wurden zu Zäunen, Pfählen, Grenzmarken, Bänken und vielerlei anderem verarbeitet. Man erzählt sich vom alten Kirchengestühl aus Walfischknochen und verweist auf den Friesenchronisten Häberlein, der sogar von einem *Haus lang 15 Ellen, wovon die Ständer und Sparren von Wallfisch-Knochen* stammten, berichtet. Bei Klein-Grönland in Holstein soll noch vor hundert Jahren eine Scheune gestanden haben, deren Baugerüst aus einem Dutzend Walkieferknochen aufgerichtet war. Grönlandfahrer hatten diese mit in ihre Marschenheimat gebracht. Originellste Verwendung der monumentalen Mitbringsel: Walfischschulterblätter wurden zu Wirtshausschildern hergerichtet. Man sagt sogar, daß der Hamburger Straßenname »Schulterblatt« darin seinen Ursprung hat.

. . . Ist man von Hertzen froh mit Sieg und mit Triumff
Erbeutet man sein Speck, im Wasser bleibt der Rumff.
Da füllt ein großer Fisch zweyhundert sechszig Tonnen,
Daraus ein Ehrliches an Gelde wird gewonnen.
Ein rechte Tonne Thran hält zwy und dreyßig Stübgen,
der vier und sechzig gehn in ein Dardelen Kübgen.
Ein kupffern Kessel steht zur Brennerey bereit,
Drin, wo zwei Kardelen gehn von Wallfisch-Speck zur Zeit.
Fünff Tonnen Wallfisch-Speck an Thran vier Tonnen geben,
Ein Tonne wird geschätzt auf zehen taler eben . . .

So heißt es in einem »Wallfisch-Gedicht« von 1702. Tranbrennereien waren – neben den Reedereien und den Kommandeuren der Schiffe – die Haupt-Verdiener am Walfang. Der Speck von Walen, Robben und Walrossen wurde gesotten und teuer verkauft. Man legte solche Brennereien an die Küsten, weil die Grönlandschiffe ihren Speck direkt in Fässern absetzen konnten. Außerdem versuchte man, die Tranbrennereien fern von

menschlichen Wohnungen anzulegen – wegen des Geruchs. Der nämlich war gewaltig: *Eine Thranbrennerey erregt den alleräußersten Grad des Gestanks, der sich nur in der Natur gedenken läßt. Alle Aeser stinken, besonders die von Fischen und am allermeisten die von Speckfischaesern. Der Speck ist in die völlige Fäulniß getreten. Besonders im Sommer bei der stärkeren Hitze ist die Ausdünstung unleidlichst, abscheulich, pestilenzialisch. Weit und breit in der ganzen Stadt . . .* Soweit ein Nasenzeugenbericht.

Noch 1845 gab es auch in Wyk auf Föhr eine Tranbrennerei, die so ausgesehen haben mag wie auf diesem Bild nach einem Kupferstich von 1752

Der Tran wurde in verschiedenen Qualitäten ausgekocht und dementsprechend verkauft und verwendet. Die beste Sorte gebrauchte man für Heilzwecke und zur Margarine- und Ölherstellung. *Seifensieder* und *Gerber* kauften gute Qualitäten für ihre Arbeit. Außerdem wurden Haus-, Stall- und Straßenlaternen und Tranfunzeln mit Waltran gespeist. Die schlechteste Qualität war dann immer noch gut genug für Maschinenöle und für *Leimsieder*.

Jeder dieser Karren besteht aus einem kleinen niedlichen Stübchen, mit Stühlen, Stiefelknecht und allen Bequemlichkeiten, das auf zwei Rädern steht und auf der Seeseite ganz offen ist. Hat sich der zu Badende in die kleine Wohnung einlogiert, so wird sie einige Schritte weit ins Meer hineingeschoben und er kann sich nun auf einer vorn angebrachten Strickleiter ohne alle Gefahr so tief in die See herablassen, als er Lust hat.

So beschreibt Joseph Freiherr von Eichendorff 1805 in seinem Tagebuch einen Badekarren, den er auf einer Reise nach Travemünde kennengelernt hatte. Etwas weiter geht noch die Schilderung einer Zeitgenossin aus einem anderen Seebad:

... Sobald man sich in dem Badekarren befindet, kommt ein Pferd und zieht die ganze Maschine so weit in die See, bis das Wasser an die Türe tritt. Nun öffnet sich eine Tür an der anderen Seite, und da kommt ein Mann geschwommen, der nimmt dich in seine Arme und taucht dich zweimal eine Sekunde lang ins Meer. Schon beim ersten Male ist die Besinnung weg. Nun bringt er dich wieder in das Zimmerchen, und das Pferd zieht den Badekarren wieder ans Ufer...

Eine sicher angenehme Beschäftigung für den *Bademeister*! Und das in einer Zeit, in der es schon unschicklich war, sich überhaupt beim Baden fremden Augen zu zeigen. Man tauchte nicht hervor unter der Markise, die vom Dach des Badekarrens bis zum Wasserspiegel reichte. Um nicht gesehen zu werden – und um nicht braun zu werden. Man trug damals blassen Teint. Erst Ende des vorigen Jahrhunderts begannen ganz Fortschrittliche, vom Badekarren aus auch Schwimmbewegungen in Richtung Meer zu machen. Damen und Herren selbstverständlich zu streng getrennten Zeiten. Noch Anfang dieses Jahrhunderts, als sich die ersten Badehütten und Strandkörbe durchsetzten – auch streng nach Geschlechtern getrennt –, wurden für die ersten offiziellen, fortschrittlichen Familienbäder diffizile obrigkeitliche Bestimmungen herausgegeben:

Die Familienbadeanstalten sind so einzurichten, daß die Herren und Damen getrennte Eingänge und gegenseitig nicht sichtbare An- und Auskleideräume, Laufsteige und Einsteigtreppen zum Wasser haben und erst im Wasser selber zusammenkommen können. Die Vorbedingungen sind neben Beibehaltung der bisherigen getrennten Seebadeanstalten für Herren und Damen besonders vorgeschriebene geschlossene Badeanzüge für beide Geschlechter...

Einem Modejournal aus der Zeit vor dem Ersten Weltkrieg entnehmen wir, daß der Luxus um das Badekostüm »in Blüte« stünde. Dort empfiehlt man, das Badekorsett als Leibchen oder als kleines Kautschukkorsett unter einer Tunika zu tragen. *Badekostüme aus schwarzem Taffet wirken am vornehmsten.*

In ältesten Zeiten, als das Bad noch nichts mit einem Amüsement zu tun hatte und – selten genug genommen – der Sauberkeit und Gesundheit dienen sollte, gab es Badestuben und Badehäuser. Im mittelalterlichen Lübeck soll sogar in fast jeder Straße ein *Bader* oder *Badstüber* auf seine Kunden gewartet haben. Ein wenig geachteter Berufsstand, denn so ganz »sauber«, so lassen manche Überlieferungen vermuten, ist es bei ihm wohl doch nicht immer zugegangen.

Wenn auf der Hallig Gröde eine Fieberkrankheit im Hause ausbrach, dann wurde entweder der »weise Mann« geholt, der sich noch vor Sonnenaufgang auf geheime Weise mit dem – in jedem Halliggarten gepflegten – Holunderbaum besprach. Oder man knüpfte heimlich und kunstvoll, unter Aufsagen

Auf geht's zum Badevergnügen. Der Badekarren ist aufgefahren, der Bademeister hoch zu Roß bereit, seine weibliche Kundschaft ins Wasser zu geleiten. Kapitän Andreasen aus Föhr hat diesen Becher dem Museum in Wyk vermacht

bestimmter Sprüche, einen roten Wollfaden um den Ast eines Fliederbaumes. Der Ast verdorrte, erzählt man sich noch heute, das Fieber sank.

Es gab keine Familien im Lande, die nicht Hausmittel gegen allerlei Krankheiten wußten und an die Heilfähigkeit von Fliederblüten und Holundermark-Kügelchen glaubten, an Wermut und Wegerich, Brombeere und Bocksbart, Schachtelhalm und Schafgarbe und so manches andere, was am Wegesrand wuchs. Es war gar nicht nötig, an Hexen und Zauberer zu glauben, um zu solchen Heilkräften zu greifen. Es gab ganz einfach nicht genügend *Ärzte* und *Barbiere* und *Chirurgen.* Vor allem war man sich auch in Fachkreisen lange nicht darüber einig, wer wofür zuständig sein sollte. Der gelehrte Medicus, so liest es sich zum Beispiel in alten Föhrer Quellen, *nahm früher noch keine Operation vor. Das war Sache des Barbiers. Zwischen dem studierten Doktor, der die Kranken innerlich kurierte und dem Barbier, der das Amt des Chirurgen versah, war die ärztliche Wissenschaft geteilt. Der Chirurg hatte an den Universitäten noch nichts zu studieren. Er ging in die Barbierstube zum Meister in die Lehre.*

Vielfältig war die Tätigkeit der Barbiere. Aus dem Skizzenbuch eines Glasfenstermalers des 17. Jahrhunderts (aus dem Museum in Mölln) stammen diese Darstellungen. Sie zeigen beide Seiten des Berufes: einerseits wurde man zur Ader gelassen, andererseits eingeseift und rasiert . . .

Überall im Lande hatten die Barbiere die Aufgaben des städtischen Wundarztes. Mehr noch: Viele von ihnen waren mit kriminalpolizeilichen Befugnissen und Pflichten ausgestattet.

Aus Wilster – einer Stadt, deren Einwohner zu allen Zeiten geradezu sprichwörtlich rauflustig gewesen sind – ist nachgewiesen, daß die Barbiere jede Art von Körperverletzungen der Obrigkeit melden – und sie natürlich auch behandeln mußten. Selbst Nichtigkeiten wie selbstverursachtes Nasenbluten wurden beim Rat der Stadt registriert. Es ist übrigens nicht nachzulesen, ob die Wilsteraner Barbiere solche Blutung – ebenso wie von ihren friesischen Kollegen überliefert – mit Spinnengeweben gestillt haben. . .

Barbiere waren häufig mit Aderlassen und Schröpfen beschäftigt, nahmen aber auch allerlei Eingriffe vor. Da ihr Berufsstand dem der mittelalterlichen Bader und Badstüber entwachsen war und jene bei der Reinigung der Leiber ihrer Kunden zumeist auch für Waschung und Schnitt des Bart- und Haupthaares gesorgt hatten, ergab sich noch bis in unser Jahrhundert ein vielseitiges Betätigungsfeld für Barbiere. Man ließ sich bei ihnen sowohl die Zähne ziehen als auch die Haare schneiden.

Für Orgeln und solche Künste war das Hochfest, der Sommermarkt Ende Juni, Johannismarkt, der außer den Buden auf dem Markt eine kleine Stadt von Spezialitäten, Karussels, Riesendamen, Menagerien usw. brachte. Da war auch der wahre Jacob aus Amerika, ein Mann mit einer heiteren Ausruferstimme, der billige Schundwaren mit allerlei lächerlichen Anpreisungen an den Mann zu bringen suchte. Die Drehorgel mit buntschreiendem Ölgemälde, von Mann und Frau betrieben, begleitete und verbreitete noch die Zeitereignisse, namentlich alle Schauergeschichten.

So liest es sich bei Geert Seelig, der seine Jugend zur Zeit der Jahrhundertwende schildert.

Für die Stadt- und die Landbevölkerung waren überall im Lande die Märkte die Attraktion des Jahres. Das Publikum, das sich dicht drängte, bestaunte das Volk der *Akrobaten* und *Bänkelsänger,* die *Zauberkünstler* und *Puppenspieler,* die *Dompteure* und *Bärenführer.* Vor allem die besonders Dicken oder Dünnen, Großen oder Kleinen. Um 1800 stand das

Schaubudenwesen in vollster Blüte, und die Maler malten immer wieder voller Faszination das Zirkusvolk, die *Kunstreiter* und Akrobaten, die *Clowns* und *Seiltänzer,* die Buden und Zelte. So, wie die *Schausteller* das Ausgefallene, das sie besaßen – samt dessen Gebrechen –, den neugierigen Blicken preisgaben, so hielten die Augen und Stifte der Maler dieses alles für die Nachwelt fest.
Die Technik schließlich veränderte auch die Welt der Jahrmärkte. Drehorgeln, Karussells, Schiffsschaukeln und Achterbahn wurden erfunden. Zirkustruppen kamen von weit her. Eine neue Art von Vergnügungen fand sein Publikum.

Boh. Jürgen Arfsten aus Oevenum ist der Laienmaler, der seine Umwelt auf naive Weise dargestellt hat – wie 1820 diese »Kunstbereuter und Seiltänzer«

Wie hier durch Lübecks Straßen zogen vor wenigen Jahren noch die Bärenführer im ganzen Land mit ihren Tanzbären an der Kette von Ort zu Ort, zeigten sie ihre Kunststückchen für klingende Münze

»Den Bärenführer spielen« gehört noch heute zu unseren Redensarten und erinnert an die Zigeuner oder Zirkusleute, die mit dem Tanzbären durchs Land und in die Städte zogen. Wo ein Jahrmarkt war, kam auch der Bär an der Kette durch die Straßen, führte seine Kunststücke vor und brachte seinem *Bärentreiber* (auch *Bardsantrecker* oder *Bartrecker* genannt) Beifall und klingende Münze.

Den Professoren-Titel hatte sich der aus Heide stammende Wilhelm Reimers selbst verliehen – wie auch sein Mitstreiter, der »Zauberer Professor Pötau«. Bevor er zum Zirkus ging, war er *Orgeldreher* und *Kasperlespieler* – sehr zum Leidwesen seiner Eltern. *Ik schull'n Plantasche grünn,* heißt es in dem Gedicht »Orgeldreier«, in dem Klaus Groth von Reimers' Leben erzählt. *Ik sprung noch inne Kinnerbüx, do weer ik al en Daugenix,* so heißt es da auch. *Dat sän ok alle Nawers glicks: De Jung dat ward en Sleef.*
Solches paßte gut auf die Jahrmärkte. Unehrlichkeit gehörte zum Geschäft. Wo Zauberei und magische Künste auf dem Programm standen, machten sich auch hochtrabende Namen und Wunder gut. So ganz ohne Schwindel hätte Frau Reimers wohl auch nicht die Enthauptung und die Verbrennung überlebt und sich schon gar nicht als »fliegende Dame« bewährt. Und wie die Reimers-Truppe arbeiteten auch Athleten und Künstler auf den Märkten oft mit »doppeltem Boden«. Damals wie heute wollte das Publikum nur zu gern betrogen werden.

Welches Instrument mag es sein, mit dem dieser Stadtmusikant seinem Publikum aufspielte? Die bleiverglaste Fensterbierscheibe befindet sich im St.-Annen-Museum in Lübeck

n 1860 hat r Schleswiger ienmaler ristian Nikolaus hnittger eine nze Reihe von hrmarktsbildern malt. Darunter ch diese uarellierte ichnung, die »Budenstraße f dem Schles- ger Peermarkt« nnte. Schleswig- lst. Landes- seum, Schleswig

E*r hat das Recht auf alleinige Ausübung der Musik in der Stadt.* So steht es von 1690 bis 1867 im Privileg des *Stadtmusikanten* von Itzehoe, der Generationen hindurch nach Vorschrift für guten Klang sorgte. An Sonn- und Feiertagen hatte er vom Kirchturm zu blasen, in der Kirche mußte er an Festtagen und in der Schule bei feierlichen Gelegenheiten mit Musik »aufwärten«. In Wilster gab es zur selben Zeit einen Stadtkunstpfeifer, der zur Aufwartung bei Hochzeiten, Gildefesten und anderen Lustbarkeiten auf Kosten des Stadtsäckels den Anwesenden die Flötentöne nahebrachte. . .

Die »Kaiserzeit auf dem Dorfe« hat der Meldorfer Museumsdirektor Nis R. Nissen in Wort und Bild dargestellt. In seinem Buch findet sich auch dieses frühe Foto einer Dorf-Kapelle bei ihrer heiteren Arbeit

Wo es etwas zu feiern gab, erschienen auch sie: Die *Musiker* von der Pankokenkapelle. Von Ort zu Ort zogen sie, ließen sich vom *Hochzeitsbitter* und *Gildeschreiber* unterrichten, waren hier zur Stelle, wo einer seinen Geburtstag feierte, und dort, wo es ein Jubiläum gab. Ihren Lohn kassierten sie sofort, Münze um Münze fiel zu ihren Füßen – und der Bejubelte gab gern noch ein größeres Scherflein dazu.

Gelobt sei Gott, der Herr,
Ihm gescheh Lob, Preis und Ehr!

Mit diesen Worten riefen in Lübeck und überall im Lande die *Nachtwächter* die vollen Stunden aus. Um 11 Uhr abends begann ihr Dienst im Dunkeln. Im Winter sogar eine Stunde früher. Stunde um Stunde zog der nächtliche Ordnungshüter seine Bahn, hielt vor diesem oder jenem Haus und sang sein Stundenlied, gab manchem Trost und Sicherheit und kannte jedermann. Auf Feuer und Licht gab er acht, besänftigte bei Saufereien, schlichtete bei Schlägereien – und sorgte mit starker Stimme, Rassel oder Horn für die rechte Zeit. Viel Aberglauben umgab ihn, der Nacht um Nacht durch das Dunkel strich. Mancher konnte den Tod vorhersehen, so glaubte man, konnte Gutes und Böses von einem Hause abwenden. Der eine oder andere soll nach dem eigenen Tode spukend durch die Straßen gegeistert sein, um nach dem Rechten zu schauen. Wenn um 4 oder 5 Uhr in der Frühe auch des Nachtwächers Stündlein geschlagen hatte, dann schallte allmorgendlich die vertraute Melodie durch die Gassen:

Der Tag vertreibt die finstere Nacht,
Ihr lieben Christen,
seid munter und wach
und lobet Gott, den Herren!

1893 hat er sich in Neustadt fotografieren lassen, – der Nachtwächter in »Uniform« vor seinem Dienstantritt

Von Posamentierern und Paternostermachern ist noch nicht die Rede gewesen, von Kreyen nicht und Krebsfängern. Viele alte Berufe finden keinen Niederschlag in diesem Buch, Schönfärber und Blaudrucker, Hut- und Knopf- und Perückenmacher, Gipser und Vergolder, Ameisensammler und Ziseleure. Und viele andere. Der Mensch im Norden Deutschlands liebte es nicht, sich selbst zu porträtieren.
In sehr bezeichnender Weise erscheint das schleswig-holsteinische Landvolk alter Zeit viel wortkarger, bildkarger. Es verschlüsselt seine Äußerungen in Zeichenhaftem, da Selbstdarstellung im Bilde seiner Art nicht entspricht, schreibt dazu Prof. Ernst Schlee. Wenn der Mensch im Norden Deutschlands sich darstellen ließ, dann nur bei Außergewöhnlichem, bei Festen und Feiern, in der Freude. Nicht bei so Alltäglichem wie täglicher Arbeit.
Vieles ist in früherer Zeit nur deshalb dokumentiert worden, weil es Romantik genug barg für einen Maler, Kritik genug für einen Grafiker, Erhaltenswertes genug für einen der ersten Fotografen. In unserem Jahrhundert erst setzte der Stolz auf das eigene Bild ein.

Wann der weise Plato geschrieben / daß der Schöpfer aller Dinge die Menschen nicht auf einerley Art geschaffen / sondern denen / so die Fürnehmste seyn und regiren solten / etwas Gold / denen / so andern mit klugen Rath und Beystand an die Hand zu gehen vermöchten / Silber / und denen / so zu den Feld-Bau und andern schweren Arbeit gewidmet / Erz und Eisen beygemischet habe / hat er uns damit lehren und sehr sinnreich vorstellen wollen / daß der Allweise Gott die Menschen in dreyerley Haupt-Stände unterschieden habe / nemlich / wie wir insgemein zusagen pflegen / in den Regier- Lehr- und Nehr-Stand.

Mit diesen Worten leitet 1698 Christoff Weigel seine umfangreiche »Abbildung der Gemein-Nützlichen Haupt-Stände« ein. Eine Darstellung von außergewöhnlicher Vollständigkeit.

Das vorliegende Büchlein will weder umfassend sein, noch teilt es die Menschen und Ihre Beschäftigungen in Stände ein. Aus der Fülle der alten Berufe an der Waterkant mußte eine Auswahl getroffen werden. So wurde die norddeutsche Darstellung des Menschen in seiner Tätigkeit zum Kriterium. Es wundert daher nicht, daß aus manchem Stand und Bereich erstaunlich wenig an Bild und Text vorliegt, aus anderen überquellend viel.

Dennoch fügt sich das Ganze zu einem typisch norddeutschen Bilderbogen, zu einem lebendigen Mosaik. Durch Bild und Wort wird ein wenig Licht in das Dunkel des arbeitsreichen Alltags unserer Altvorderen gebracht und angeregt zum Nachsinnen über die gar nicht immer romantische Zeit von »anno dazumal«.

»Die drei durstigen Handwerke« heißt diese Lithographie. Der alte Vers »Staub und Ruß und Mehl machen durstig die Kehl« erklärt die Szene

Von Aalenschmied bis Zuckerbäcker

und allerlei anderen Berufen ist in diesem Büchlein die Rede – manche werden nur kurz erwähnt, viele sieht man im Bilde. Ausführliches erfährt man über die, die **fett** gedruck sind:

Viele Bücher und Schriften

haben der Autorin geholfen, Fragen nach Vergangenem zu beantworten. Einige von ihnen seien denen empfohlen, die Umfassenderes über alte Berufe und über gestriges Alltagsleben erfahren möchten:

Handwerk, Handel, Industrie – Hansferdinand Döbler – München 1974

Der Handwerker in der deutschen Vergangenheit – Ernst Mummenhoff – Nachdruck Köln 1924

Kaufleute und Handelsherren in alten Zeiten – Georg Steinhausen – Nachdruck Köln 1976

Kulturgeschichte des deutschen Handwerks – O. D. Potthoff – Hamburg 1938

Das deutsche Handwerk – E. Otto – Leipzig/Berlin 1920

Das Handwerk – Ludwig Kurz – Weinsberg 1928

Des alten Handwerks Recht und Gewohnheit – Rudolf Wissell – 1929

Abbild und Beschreibung der Gemein-nützlichen Stände – Christoff Weigel – 1698

Deutsche Handwerkslieder – Oskar Schade – Leipzig 1865

Gamle Danske Handvaerk – Politikens Forlag – København 1971

Handwerk und Zünfte in Lübeck – Johannes Warncke – Lübeck 1912 und 1937

Handwerk zwischen Elbe und Ostsee – Lübeck 1950

Zunft und Gewerbe in Lübeck – Max Hasse – Lübeck 1972

Handwerkskammer Flensburg 1900 bis 1975 – Flensburg 1975

Alte Berufe Niedersachsens – Ernst Bock – Hannover 1926

Die Kieler Burspraken – Hedwig Sievert – Kiel 1953

Litzenbrüder, Prachervögte und andere vergessene Berufe im alten Kiel – Johann Grönhoff – Kiel 1966

Feiern, Feste und Vergnügen im alten Kiel – Max Leisner – Kiel 1974

Das Leben eines Landarbeiters – Franz Rehbein – Rendsburg 1949

Das Leben auf einem Bauernhof in der Kollmar-Marsch um die Jahrhundertwende – Erinnerungen des Bauern Robert Rave – Moorhusen 1965

August. Ein Leben auf dem Lande – Bettina Secker – Bremen 1980

Schleswig-Holstein meerumschlungen – Graf Adelbert Baudissin – 1864

Schleswig-Holstein meerumschlungen in Wort und Bild – Kiel 1896

Schleswig-Holsteinischer Gnomon – Dr. Claus Harms – Kiel 1843

Lebensbeschreibung – Dr. Claus Harms – Kiel 1851

Eine deutsche Jugend – Geert Seelig – Nachdruck Kiel 1977

Die Nordfriesischen Inseln – Christian Jensen – Hamburg 1891

Bunte Bilder aus der Föhrer Kulturgeschichte – Wyk 1927

Schleswig-Holsteins Grönlandfahrt – Wanda Oesau – Glückstadt 1937

Das alte Ellerbek – Kiel 1937

Volksleben in Wilster im 16. und 17. Jahrhundert – Ruth-E. Mohrmann – Neumünster 1977

Volkslebenbilder aus Norddeutschland – Altonaer Museum in Hamburg – 1973

Holsteinisches Idiotikon – Johann Friedrich Schütze – Hamburg 1800

Schleswig-Holsteinisches Wörterbuch – Otto Mensing – Nachdruck Neumünster 1973

Oeconomische Encyclopädie – J. G. Krünitz – 1775

Als »Fundgruben« erwiesen sich außerdem:

Zeitschrift der Gesellschaft für Schleswig-Holsteinische Geschichte

Mitteilungen der Gesellschaft für Kieler Stadtgeschichte

Nordelbingen – Beiträge zur Heimatforschung in Schleswig-Holstein, Hamburg und Lübeck

Schleswig-Holstein – Monatshefte für Heimat und Volkstum

Die Heimat – Monatsschrift des Vereins zur Pflege der Natur- und Landeskunde in Schleswig-Holstein und Hamburg

Bei der Arbeit an diesem Buch . . .

haben uns, Autorin und Verlag, viele unterstützt.

Unser besonderer Dank gilt:

Dr. Volker Arnold, Heide
Harald Bolten, Krempe
Dr. Karl Hucke, Eutin
Dr. Arnold Lühning, Schleswig
Dr. Nis R. Nissen, Meldorf

Für die Überlassung der zum Teil originalen Bildvorlagen und Fotos danken wir:

Altonaer Museum, Hamburg (S. 19, 75, 101)

Thomas Backens (Dithmarscher Presse-Dienst Verlag, Heide) (S. 9, 59, 73, 114)

Werner Behning, Wilster (S. 21, 70)

Harald Bolten, Krempe (S. 117)

Bundespostmuseum, Frankfurt am Main (S. 85)

Dithmarscher Landesmuseum, Meldorf (S. 68, 69, 96)

Walter Hahn, Mölln (S. 108)

Hamburger Kunsthalle (S. 91)

Richard Huusmann, Wilster (S. 63)

H. D. Ingwersen, Wyk auf Föhr (S. 18, 69, 89)

Karl Kirchner, Lübeck (S. 36, 44, 54, 65, 97)

Johannes Hugo Koch, Neustadt in Holstein (S. 115)

Kunsthalle zu Kiel (S. 12, 74)

Archiv Kürtz (S. 27, 29, 63, 123)

LN-Archiv (S. 71, 86)

Gunter Lothert, Horsdorf (Museum für Kunst und Kulturgeschichte der Hansestadt Lübeck) (S. 20, 25, 33, 53)

Walter Lüden, Wyk auf Föhr (S. 15, 88, 94, 100, 102, 104/105, 107, 110)

Museum für Kunst und Kulturgeschichte der Hansestadt Lübeck – Bildarchiv (S. 34, 38, 39, 64, 67, 76, 80, 93, 111, 113)

Museum für Dithmarscher Vorgeschichte und Heider Heimatmuseum, Heide (S. 22, 51, 61, 66, 77, 82)

Nolde-Stiftung, Seebüll (S. 17)

Karl-Heinz Poser (S. 45)

Raiffeisenverband Schleswig-Holstein und Hamburg e. V., Kiel (S. 28)

H. F. & Ph. F. Reemtsma, Hamburg (S. 35)

Schleswig-Holsteinische Landesbibliothek, Kiel (S. 79, 81, 83)

Schleswig-Holsteinisches Landesmuseum, Schleswig (S. 1, 8, 14, 24, 30, 48, 49, 57, 60, 87, 92, 112)

Bernd Schramm, Kiel (S. 32, 52)

Archiv Schübeler (S. 11)

Städtisches Museum, Flensburg (S. 42, 90)

Hans Vahlbruch, Schleswig (S. 41)

Heinz Weiemann, Lübeck (S. 47)

Peter-Wiepert-Museum, Burg auf Fehmarn (S. 23)

Stadtarchiv Wilster (S. 50, 56)